Martin Mak, Xixia Wang and Ivy Liu

Cambridge IGCSE®

Mandarin as a Foreign Language

Teacher's Book

CAMBRIDGE
UNIVERSITY PRESS

University Printing House, Cambridge CB2 8BS, United Kingdom

One Liberty Plaza, 20th Floor, New York, NY 10006, USA

477 Williamstown Road, Port Melbourne, VIC 3207, Australia

4843/24, 2nd Floor, Ansari Road, Daryaganj, Delhi – 110002, India

79 Anson Road, #06–04/06, Singapore 079906

Cambridge University Press is part of the University of Cambridge.

It furthers the University's mission by disseminating knowledge in the pursuit of education, learning and research at the highest international levels of excellence.

Information on this title: www.cambridge.org

First published 2017

20 19 18 17 16 15 14 13 12 11 10 9 8 7 6 5 4 3 2

Printed in the United Kingdom by Latimer Trend

A catalogue record for this publication is available from the British Library

ISBN 978-1-316-62990-1 Paperback

Additional resources for this publication at www.cambridge.org

Contents

Unit A Everyday activities
日常活动

1 Greetings and introductions
问候与介绍 1

2 Family and pets
家庭和宠物 6

3 Everyday life
我的每一天 10

4 Hobbies
爱好 15

5 Eating and drinking
饮食 21

Unit B Personal and social life
个人与社会

6 Health and fitness
健康与运动 26

7 Home life
家居生活 31

8 Clothes
衣服 36

9 Shopping
买东西 41

10 Living environment
居住环境 45

11 School routine
学校生活 51

12 School facilities
学校设施 56

Unit C The world around us
周游世界

13 Weather and climate
天气与气候 61

14 Transportation
交通工具 65

15 Holidays: Travel experiences
旅游经历 70

16 Holidays: Planning a trip
旅游计划 75

17 Public services and customs
公共服务与海关 80

Unit D The world of work
工作与职业规划

18 Work experience
工作经验 85

19 Applying for a job
申请工作 89

20 Future education and career plans
未来学业和职业规划 93

Unit E International world
国际视野

21 Interviewing Chinese celebrities
采访名人 98

22 Technology and social media
科技与社交媒体 102

23 Chinese festivals
中国节日 106

24 Learning Chinese as a foreign language
学中文 110

25 Saving the planet
救救地球 115

日常活动
A Everyday activities

问候与介绍
1 Greetings and introductions

学习目标

本单元，你会：
- 使用基本数字
- 明白打招呼的基本用语
- 了解国家和洲的名字
- 了解中英文名字的分别
- 使用疑问词，例如“吗”、“什么”、“哪”、“哪儿”

你还会学到：
- 代词
- 复数：们
- 陈述句（1）：“我是中国人”，“我很好”

1

单元介绍

本单元主要学习基本问候用语和自我介绍。学生在这一单元中复习如何用中文打招呼，如何使用和回复日常用语，介绍自己的名字、年龄、国籍、居住城市等等。

语言方面，本单元主要介绍数字零到万的表达方法。学生们也会通过词汇学习了解到“们”的用法。此外，本单元还会重点介绍“很”在陈述句中的用法，以及这类句子在中英文中的分别及注意事项。

文化方面，本单元主要介绍中国人的姓名。目的在于通过这一文化介绍，学生能对中国的常用姓氏有一定认识，同时对于中国人的姓名构成有一定了解。

一 温故知新

教学建议

这一部分叫“温故知新”，主要是热身活动。教师可引导学生阅读词语表学习“温故知新”这一词语及其典故。

wēn gù zhī xīn
温故知新 is an old saying from Confucius. It means that you will learn something new from revision.

活动一和活动二主要是帮助学生学习数字。活动前，老师可以和学生先将“语法”里的数字的读法学习一遍。

第一个活动是听力。活动前，老师可以和学生一起读一读各选项中的数字。提醒学生“十二”和“二十”以及“四十五”和“五十四”的区别。第二个活动是阅读题，主要帮助学生学习“百”、“千”、“万”的表达。

因材施教

在活动一中，教师可以指导学生在听力开始前，将拼音写在每个数字上方，这样听力开始的时候学生听起来更有把握。由于录音只播放一遍，对于程度较弱的学生，老师可以视情况再播放一遍。

活动三主要是为了带出人称代词的复数表达。老师需要向学生强调两点：

1 “们”只用在和人以及动物有关的词语。除了代词以外，还可以用在名词上，例如“老师”、“同学”等。
2 一般我们不说“您们”。

活动四主要学习国家的名称。老师可以结合国旗进行教学。也可以同时带出“国籍”的问答。例如：

Q：你是哪国人？
A：我是英国人。

听力录音 CD01, Track 02

1 二十　2 十四　3 七十七
4 十一　5 三十四

参考答案

一、

20, 14, 77, 11, 34

二、

1 B　2 A　3 D　4 F　5 C　6 E

四、

1 德国　2 印度　3 英国　4 中国　5 法国

二　说话（一）

承接“温故知新”活动四，继续介绍学习“国家”，并引入“洲”的词语。

教学建议

建议老师结合地图，从学生的国籍入手，介绍“洲”。同时要注意本活动的重点是“说话”，因此老师应该多采用问答的形式。除了问“在哪儿”以外，还可以再问“你是哪国人”，从而带出“国家”的词语。

三　阅读（一）

本活动旨在通过五个小对话带出几个常用的日常用语。虽然是阅读题，但老师仍可以将其灵活运用，变为口语练习让学生反复操练。

参考答案

1 A　2 E　3 B　4 C　5 D

四　阅读（二）

教学建议

这部分旨在培养学生捕捉表格信息的能力。学生先读一个个人信息表，再完成两个活动

活动一是回答问题。教学时，老师可以利用卡片、Quizlet 等活动让学生复习词汇表中的词语。也可以做一些疑问词的复习。（疑问词的系统复习将在第二单元中进行，因此本单元可以作为一个热身活动，考察一下学生对疑问词的掌握程度。）

活动二是将表格信息变为一段“自我介绍”的填空。主要考查学生对信息表中的项目词，例如姓名、国籍、年龄等的熟悉程度。

参考答案

一、

1 王　2 王小云　3 十五　4 中国　5 北京

二、

1 王　2 王小云　3 十五　4 中国　5 北京

文化

这一部分的文化小知识，主要是提醒学生注意中英文在姓名先后顺序上的不同。可以多给学生一些例子，例如中文中，“李明”姓“李”，名叫“明”。但在英文中，“李明”可能会被叫成 Ming Li，因为英文中姓（surname）是在名（given name）的后面。

为了照顾中文表达，本书中的所有中文名字的英文翻译基本都按照中文姓名的规则。例如李明 = Li Ming。

五 说话（二）

教学建议

本活动是说话练习。可以采用分组活动，或学生自由选择采访对象。老师也可根据实际情况，限制活动时间，要求学生在有限时间内采访两位同学，然后填写完表格。

课本中也提供了问句供学生提问时使用。

因材施教

对于基础较好的学生，在完成阅读（一）后，可直接完成这一说话练习。对于基础较弱的学生，老师可鼓励学生用提供的问句提问。填表时，还可以参考阅读（二）的表格填写。

六 听力

教学建议

听力开始前，老师需要提醒学生认真读题目，理解题目的意思。

因材施教

根据学生的实际情况，可建议学生在听力开始前，给一些词语标上拼音。

听力录音 CD01, Track 03

F: **例** 我叫陈海。我是马来西亚人。
M: 1 我叫王明，我是中国人。
M: 2 我叫田中，我是日本人。
F: 3 我叫马力，我是英国人。
M: 4 我叫李山，我是印度人。

参考答案

1 C **2** D **3** A **4** B

七 阅读（三）

教学建议

本活动要求学生阅读四个学生的自我介绍，然后填表以及回答问题。教学时，老师可以根据学生的情况，强调对主要词语的复习，让他们自己完成练习。在本单元中，作为补充词语，学生只需要了解一些主要城市，不需要掌握书写。

参考答案

1 十五岁 **2** 美国人 **3** 陈小花 **4** 上海

文化

中国人的姓和名

教学建议

老师可以引导学生阅读课本中的那段话。然后着重介绍几个常用姓氏：

黄、李、林、刘、马、王、赵、吴、张、田、金。

由于学生已对中国人姓名顺序有一定了解。老师不妨举几个带有这些姓的名字作为例子，让学生讨论姓和名。

需要特别指出的是，中国人没有固定的词语作为名字。但长辈给孩子取名的时候，一般会取用有特别意思的汉字，组合在一起，寄托对孩子的期望。有一些汉字在做取名时，使用频率较高，例如明、天、丽、乐、美、红等等。老师也可以多举一些例子，作为延伸学习。此外，老师也可尝试让学生发挥创意，写几个中文姓名，并解释原因。

八　说话（三）

教学建议

这是一个情景对话练习，旨在训练学生的说话能力。老师可引导学生认真阅读情景，了解他们将要扮演什么角色。可以先浏览一遍问题，看看怎么回答。

学生可以两人一组，一问一答，完成练习。

可以根据学生能力，决定是否使用拼音辅助完成练习。

因材施教

对于能力较强的学生，老师可以鼓励学生多问几个问题。也可以提供一些疑问词，提示学生提问的方法。可以提供以下疑问词：什么、哪儿、谁、哪国、几岁等等。

九　写作

这一部分有三个活动。前两个活动是介绍汉字笔画的。第三个活动是句型翻译。

教学建议

本书将在板块 A 和 B 中分布介绍汉字基本笔画以及常用偏旁部首。作为补充材料，老师也可以向学生介绍一些常用的书写规则，例如“从左到右，从上到下，从里面到外面。”等。介绍汉字的书写，旨在希望帮助学生对汉字构成有更深的认识，从而强化汉字记忆，提高汉字识记量。

活动二主要是帮助学生强化训练句型“主语 + 很 + 形容词”构成的陈述句。老师可引导学生先阅读“句型”(Language box)，再完成翻译练习。老师应重点强调这类句子在中英文表达中的区别。特别应提醒学生“是”一般不用在这类句子中。

练习册

关于笔画和偏旁部首，练习册中也会设有相关练习和延伸训练。

因材施教

对于能力较高的学生，老师也可将下面的知识作为延伸介绍给他们。

在 Subject + 很 +Adjective 句子中，“很”实际上也不表示 very，只是，如果不用“很”，句子会变成有比较的意思。例如：

> 很 is used before the adjective for emphasis; without it, sentences have a flavour of making comparisons, e.g.
>
> 我很忙。I am busy. 我忙。他不忙。I'm busy. He is not.
>
> 她很漂亮。She's pretty. 她漂亮。她的妹妹不漂亮。She's pretty. Her sister is not.

参考答案

二、

1 一　　2 丶　　3 丨　　4 丿

三、

1 我们很忙。　　2 她很高。
3 他很高兴。　　4 她很好。

练习册答案

练习一、

1 三十六　　2 二十一　　3 一百
4 十三　　5 三十九　　6 七
7 九十　　8 一百二十　　9 一百九十九
10 一千一百

练习二、

1 D　　2 E　　3 C　　4 B　　5 A

练习三、

1 我很好。　　2 学生们很高兴。
3 你好吗？　　4 你是中国人吗？
5 你住在哪儿？

练习四、

1 是丿　2 国丶　3 你丶
4 我丿　5 住丨

练习五、

1 香港 = Hong Kong　2 上海 = Shanghai
3 北京 = Beijing　4 美国 = USA

练习六、

B1: 您好。
B2: 我很好，谢谢。您呢？
B3: 我叫王明。
B4: 我十五岁。
B5: 我上十年级。
B6: 我是中国人。
B7: 我住在香港。
B8: 见到您我也很高兴。再见。

练习七、

1 大家好，我叫黄一明。我是新加坡人，我二十岁。我住在北京。
2 你好／大家好 (any appropriate greeting will be acceptable)，我叫马丽。我是美国人。我十一岁。我住在上海。
3 你好。我叫张大力，我是英国人。我十五岁。我住在台北。

日常活动
A Everyday activities

家庭和宠物
2 Family and pets

学习目标

本单元，你会：

- 继续学习自我介绍
- 介绍家庭成员
- 介绍你的朋友
- 说说你的宠物
- 使用更多的疑问词，例如“几”、“有没有”、“是不是”，来理解和完成交流

你还会学到：

- 量词：个、口、岁、只
- “二”和“两”的区别
- 陈述句（2）：“有”的用法
- “的”的用法

单元介绍

本单元主要学习如何介绍自己的家庭。学生在这一单元中将会学到关于家庭成员及宠物的词语。

语言方面，本单元主要学习一些基本的量词，“的”的用法，“二”和“两”的分别。此外，学生也会接触到更多的疑问词。

文化方面，本单元主要介绍中国家庭成员的名称。目的在于通过这一文化介绍，学生能对中国人的家庭成员称谓有一定的了解。

一　温故知新

教学建议

第一个活动，要求学生写出家庭成员的名称，两个小活动都要求学生先学习词语表里的生词。

活动二介绍“吗”的用法以及“吗”字句和“V不V”句的互换。是本单元的重点之一。“吗”疑问句虽然在上一单元已有所提及，但本单元更系统的介绍。老师可以引导学生通过表格内例句的学习掌握这两个句式。

老师应特别强调以下几点：

1 当用“V不V”时，句子的结尾不需要用“吗”，例如“你是中国人吗”可改为“你是不是中国人？”，句尾不能再加“吗”。

2 对于“有……吗”句，变为“V不V”时，应变为“有没有”。

3 回答“吗”句和“V 不 V”时，学生容易按照英文的习惯，回答“是”或“不是”。老师应提醒学生，回答这类问题时，应重复句子中的动词或在动词前加“不”或“没”。

关于“不”和“没”的用法，将会在第四单元做系统的介绍。

此外，虽然不算是难点，但也建议老师根据实际情况，介绍一下“这 (this)”、“那 (that)”、“哪 (which)”三个指示代词及其用法。学生可能容易在发音上混淆“那”(nà) 和“哪”(nǎ)，老师可以通过辨音练习等活动加以区别。

活动三是量词的学习。老师可以引导学生先阅读“语法”中关于量词的介绍后再尝试完成填空。

活动四是区别“二”和“两”的分别，也是本单元的重难点。

练习册

练习四也有相关的替换练习。

参考答案

一、

（略）

二、

1 是不是　　2 是　　3 不是
4 有没有　　5 有　　6 我没有宠物

三、

1 个　2 个　3 个　4 只
5 只　6 口　7 岁　8 个
9 岁　口　个　只　只

四、

1 两　2 二　3 两

二　听力（一）

教学建议

听力前，应引导学生养成良好的听力习惯，即播放录音前，先浏览题目及选项。

听力录音 CD01, Track 04

1 我家有十口人。
2 我有两个哥哥，一个姐姐，一个弟弟。
3 我的宠物是一只鸟。

因材施教

这个听力活动较为基础，适合程度较弱的学生。对于程度较好的学生，老师可以鼓励学生听写句子。

参考答案

1 D　2 A　3 D

三　阅读（一）

教学建议

开始活动前，可以先看图，结合词语表，将图中人物称谓梳理一遍。

参考答案

1 B　2 A　3 F　4 D　5 E　6 C

四　说话（一）

教学建议

此活动应在完成“阅读一”的基础上进行。老师可以让学生两人一组，根据图片内容，表演出对话。

延伸活动

在原文基础上，老师还可以鼓励学生尝试问更多问题。也可以练习“吗”以及“V 不 V”疑问句。

五 写作（一）

参考答案

1 七 2 爸爸

3 妈妈 (2 and 3 can be in any order)

4 哥哥 5 妹妹 (4 and 5 can be in any order)

6 没有 7 没有 8 猫 9 金鱼

六 阅读（二）

参考答案

1 非 2 是 3 非 4 非 5 是

家庭成员的称呼

老师可以通过之前的“温故知新”练习，引导学生思考“爷爷”、“奶奶”和“外公”、“外婆”的分别。

七 听力（二）

教学建议

活动中的填空题，学生是可以用拼音填写的。老师在引导学生做题时，可以让学生先用拼音记录听到的内容，再鼓励学生将拼音转换成汉字填空。

听力录音 CD01, Track 05

你好。我叫 May。我家有五口人。爸爸、妈妈、一个弟弟、一个哥哥和我。我们有一只宠物，是一只猫。我的爸爸很喜欢这只猫。我爸爸是英国人。我妈妈是美国人。我的哥哥十五岁，我十三岁。我弟弟八岁。我们都在香港出生。我们现在都住在上海。

参考答案

1 你好 2 五 3 弟弟

4 猫 5 喜欢 6 英国人

7 十五 8 上海

八 阅读（三）

教学建议

这个阅读活动主要训练学生对于疑问词的掌握。活动开始前，老师可以引导学生先读一读这六个问题，思考一下突出显示的是什么词？它们有什么作用？

在引导学生从文本中捕捉相关信息后，老师应鼓励学生用完整的句子回答问题。

回答完问题，老师又可以引导学生将回答和问句做对比，从而总结出汉语的疑问句和陈述句的特点，即为：

1 不改变语序。

2 回答时将疑问词替换成答案。

因材施教

该阅读题配有听力录音（CD01, Track 06），老师可以根据学生能力，将活动二改为听力练习，播放录音两遍，鼓励学生听完后找出答案。

练习册

练习五的中英文搭配题主要是帮助学生掌握疑问词。

参考答案

1 马可四十五岁。

2 马可在伦敦出生。

3 刘文是中国人。

4 大卫家有三口人，爸爸、妈妈和他。

5 大卫的妈妈叫刘文。她四十岁。

6 大卫家有一只猫。

九　说话（二）

教学建议

活动之前，老师应提醒学生认真阅读情景 (Scenario)，了解自己所要扮演的角色。需要指出的是，在真实考试中，学生是看不到问题的，因此老师可以鼓励学生根据情景推测可能要回答什么样的问题。同样的，学生需要对疑问词较为熟悉。因此，老师也可以和学生一起看问题，将疑问词找出，并分析问题的意思。

学生可以两人一组，一问一答，完成练习。

可以根据学生能力，决定是否使用拼音辅助完成练习。

十　写作（二）

本单元开始介绍偏旁部首。老师可以和学生一起头脑风暴（brainstorm），鼓励学生跳出本单元词语的范围，找出更多的带有这些偏旁部首的词语。提高学生的词汇量。

参考答案

1 你们　2 很　3 吗，叫　4 国
5 她　6 认识　7 没

练习册答案

练习一、

1 岁　2 口　3 个　4 两　5 只
6 的　7 二

练习二、

1 两个　2 没有　3 动物　4 弟弟
5 你是哪国人？

练习三、

1 F　2 D　3 C　4 A　5 B　6 E

练习四、

1 他是你爸爸吗？
2 你有宠物吗？
3 王力是德国人吗？
4 你有兄弟姐妹吗？

练习五、

1 C　2 B　3 D　4 A
5 E　6 F　7 G　8 H

练习六、

1 四　2 五十　3 住在香港
4 猫和金鱼。
5 爸爸妈妈希望她们长得美丽。

练习七、

1 女　2 亻　3 口　4 讠

练习八、

（参考范文）

你好，我叫林东明。我家有五口人。他们是爷爷、奶奶、爸爸、妈妈和我。我们住在香港。我没有兄弟姐妹。我也没有宠物，但是我喜欢猫。

练习九、

图略（参考范文）

你好。我叫林小天。我十三岁。这是我的一家。我家有四口人，爸爸、妈妈、哥哥和我。爸爸叫林大朋，他五十岁。妈妈叫张英，她四十八岁。哥哥叫林大天，他十八岁。我们住在香港。但是哥哥现在住在伦敦。

日常活动
A Everyday activities

我的每一天
3 Everyday life

学习目标

本单元，你会：

- 谈论时间、星期、月份和日期
- 阅读介绍关于人们日常生活的文字
- 介绍自己的日常生活
- “正／在／正在”的用法
- 使用时间词，例如“的时候”，“以前”，“以后”
- 继续学习更多的疑问词，例如“几点”，“什么时候”

你还会学到：

- 陈述句（3）：今天星期二
- 词序

单元介绍

本单元主要学习如何介绍自己的日常生活和爱好。学生在这一单元中将会学到时间的表达、关于爱好和日常生活方面的词语以及一些常用的地点和方位。

语言方面，本单元继续学习陈述句的用法。除此以外，句子中的词序 subject + time + location + verb + object，以及“的时候”（when）、“以前”（before）和“以后”（after）的表达也在本单元有所涉及。

文化方面，本单元将会通过图片介绍一系列中国传统爱好。

一　温故知新

教学建议

活动一和活动二主要帮助学生学习时间词的表达法。关于星期的表达，老师可以和学生一起归纳总结中文“星期”表达的特点：即在星期后加数字一到六。但是需要特别提醒学生，Sunday 的表达应该是“星期天”或“星期日”。

活动三是一个口语练习，旨在巩固活动一和活动二中学过的时间词，同时引出两个疑问句“今天星期几”和“现在几点”。通过替换练习，学生应该对这类对话较为熟练地掌握。

活动四是一组词语排序题，老师应先帮学生解决生词问题，此后，引出“句型”中介绍的“汉语词序”。

为了帮助学生巩固汉语词序，老师也可以和学生一起玩一个课堂游戏。全班分成四组，第一组同学写主语（或名词），第二组写和地点相关的词（在 + 地点），第三组写一些与日常活动相关的动词。第四组学生写时间词。将学生所写的词收集起来分类放进四个盒子。第一个盒子叫"主语"（subject），第二个盒子叫"地点"（location），第三个盒子叫动词（verb），第四个盒子叫时间（time）。学生可以从四个盒子中分别抽取出一张纸，然后将四张纸排序，组成一个句子，读给全班同学听。这个活动既可以训练学生对句型的掌握，又增加了趣味性。

句型

活动三也带出了一个陈述句句型，也就是"今天星期一"这类的名词组成的主谓句。学生可能会按照其英文习惯，加入"是"，而汉语中，名词作谓语现象比较特殊，应向学生指出。

句型

Subject + Time phrase + Verb + Object or

Time phrase + Subject + Verb + Object

老师可以将这个句型展示在白板上，提醒学生词语在句子中的正确顺序。

参考答案

一、

1 C 2 E 3 I 4 B 5 J
6 D 7 K 8 F 9 H 10 G

二、

1 上午八点
2 下午六点十五分／下午六点一刻
3 上午七点半
4 上午十一点二十分
5 下午三点三刻／下午三点四十五分

三、

（略）

句型、

1 明天星期一。 2 现在五点。

四、

1 我和弟弟早上九点上课。
2 我晚上七点半做作业。
3 我每天下午五点放学。
4 我们每天七点半吃饭。
5 妈妈昨天下午两点听音乐。

二 听力（一）

教学建议

本活动是一个听力活动，主要帮助学生复习日期的表达方法。活动开始前，老师可以和学生一起复习一下日期的表达。老师可以先写出几个日期，让学生复习中文日期的表达法。主要应该强调中文日期的表达应从年到月再到日的顺序，这一点和英文不同，必须特别强调。

听力开始前，老师可与学生一起阅读题目，帮助学生理解题意后开始做题。

听力录音 CD01, Track 07

M: 例：我叫李雷，我是一九九五年出生。我的生日是十月三日。
M: 1 我叫王东。我是二零零一年出生。我的生日是三月十日。
F: 2 我叫李大山。我是二零零三年出生。我的生日是五月四日。
F: 3 我叫马朋朋。我是一九八七年出生。我的生日是十月五日。
M: 4 我叫方雪。我是一九九九年出生。我的生日是八月十八日。

参考答案

1 B 2 D 3 E 4 C

文化

这个部分的内容主要介绍中国历法。学生如果有兴趣，老师也可以进一步介绍"公历"和"农历"。作为补充材料，老师还可以将以下内容和学生分享。

In China, people use both 公历 (solar calendar) and 农历 (lunar calendar). 公历 is used more often in daily life, while 农历 plays more of a role in agriculture and traditional festivals, e.g. 春节 (Chinese New Year), 中秋节 (Mid-autumn Festival) and 端午节 (Dragon Boat Festival).

For 公历, we read dates from year to day, e.g. 二零一五年三月六日.

For 农历, for the first ten days of a month, we use 初 before the numbers one to ten, e.g. 三月初五 (fifth day of third month in the lunar calendar).

In a Chinese calendar, you can see both 公历 and 农历, as in the picture in the Coursebook.

三 阅读（一）

教学建议

阅读吴海的作息时间表前，老师也可以让学生自己写一写他们一天的生活。

参考答案

1 吴海每天早上七点十分起床。
2 吴海每天晚上十点半睡觉。
3 吴海正在吃早饭。
4 吴海正在吃午饭
5 吴海正在做作业。

句型

"正在"的用法。这个句式比较容易理解。老师宜采用多练少讲的形式，让学生自己体会和学习。

练习册

练习五提供了相关练习。

四 说话（一）

教学建议

该练习和口语考试题型相似，旨在训练学生的应试技巧。活动之前，老师应提醒学生认真阅读情景(Scenario)，了解自己所要扮演的角色。需要指出的是，在真实考试中，学生是看不到问题的，因此老师可以鼓励学生根据情景推测可能要回答什么样的问题。同样的，学生需要对疑问词较为熟悉。因此，老师也可以和学生一起看问题，将疑问词找出，并分析问题的意思。

学生可以两人一组，一问一答，完成练习。

可以根据学生能力，决定是否使用拼音辅助完成练习。

五 阅读（二）

参考答案

1 错 2 对 3 错

六 听力（二）

教学建议

共有两个活动。第一个活动是选择题。第二个是填充题。第二个活动之后，老师还可以将文字材料作为阅读材料供学生阅读，同时，这也是一个很好的介绍自己一天的讲话稿。

听力录音 CD01, Track 08

每个星期天上午九点，我在家做作业。我做作业的时候，妈妈看书和看报纸。中午十二点我和妈妈去吃午饭。午饭以后，我和弟弟一起打网球。晚上，我有时候去朋友的生日派对，有时候在家听音乐。十点半以前，我睡觉。

参考答案

一、

1 C 2 A 3 C 4 C

二、

1 做作业 2 看书 3 妈妈 4 听音乐

七　说话（二）

教学建议

这个活动主要训练学生的演讲能力。学生可根据课文，发散思维，整理出要说的内容。作为课堂活动，老师也可以让学生制作 PPT，利用一些图片，使用词汇表中的词语，完成演讲。

八　听力（三）

教学建议

在这个听力活动中，学生要听一段采访。然后回答问题。类似于上一个听力练习，老师应提醒学生认真阅读问题，通过问题推测即将听到的内容。除此以外，学生还应该熟悉疑问词。老师可以引导学生先画出问句中的疑问词。

听力录音 CD01, Track 09

M：你好。你叫什么名字？
F：你好。我叫黄丽丽。
M：你今年多大？
F：我今年十六岁。昨天，十月五日，是我的生日。
M：真的吗？昨天是你的生日？祝你生日快乐！你在哪儿上学？
F：我在北京音乐学校上学。上十一年级。
M：你每天几点起床？几点睡觉？
F：我每天早上六点半起床。晚上十一点睡觉。
M：晚上你做什么？
F：晚上，我在家做作业和听音乐。
M：不上学的时候你和家人做什么？
F：有时候我在家休息，有时候和爸爸一起打乒乓球。

参考答案

1 黄丽丽的生日是十月五日。
2 黄丽丽上十一年级。
3 她每天晚上十一点睡觉。
4 她在家做作业。
5 有时候在家休息，有时候和爸爸一起打乒乓球。

九　写作

参考答案

1 家　2 爸 爷　3 狗 猫　4 介 全
5 孙　6 都 那　7 籍

练习册答案

练习一、

1 四点五十五分　2 两点半
3 二零一四年一月二日
4 二零一五年十月九日
5 二零一三年八月二十日

练习二、

1 报纸　2 逛街　3 电影院　4 什么时候

练习三、

1 A　2 A　3 B　4 C　5 B

练习四、

1 我早上七点吃早饭。Or 早上七点我吃早饭。
2 我八点十五分上学。Or 八点十五分我上学。
3 我中午一点在学校吃午饭。Or 中午一点我在学校吃午饭。
4 我三点半放学回家。Or 三点半我放学回家。
5 我下午五点到六点半在家看电视。Or 下午五点到六点半我在家看电视。
6 我晚上七点和爸爸妈妈一起吃晚饭。Or 晚上七点我和爸爸妈妈一起吃晚饭。
7 我晚上八点做作业。Or 晚上八点我做作业。
8 我晚上十点四十分睡觉。Or 晚上十点四十分我睡觉。

练习五、

（一）1 我正在／在做作业。
　　2 我妈妈正在看电视。
（二）1 我和弟弟一起去看电影。
　　2 我和朋友一起打乒乓球。
（三）1 弟弟两岁的时候，喜欢睡觉。
　　2 我在看书的时候，妈妈正在看报纸。

练习六、（参考句子）

（任选五个）我和丽丽一起看电影。 I go to watch a movie with Li Li. 王英住在英国。 Wang Ying lives in the UK. 姐姐天天看电视。 My elder sister watches TV every day. 她喜欢玩游戏。 She likes playing games. 你有什么爱好？ What are your hobbies? 王明天天八点上课。 Wang Ming has lessons at eight o'clock every day. 他不爱看电视。 He does not like watching TV. 他喜欢跳舞。 He likes dancing. 东东晚上十点睡觉。 Dong Dong goes to bed at 10 PM. 你几点去滑冰？ What time are you going ice-skating?

练习七、

1 父 father　**2** 犭 animal
3 人 human　**4** 竹 bamboo

练习八、

1 C　**2** A　**3** B　**4** A　**5** D

练习九、（参考作文）

我早上六点起床，上午七点半上学。我中午十二点吃饭。下午三点半放学。放学以后，我有时候和朋友去打篮球，有时候在家做作业。晚饭以前，我做作业和听音乐。晚饭以后，我看书。我十点半睡觉。

日常活动
A Everyday activities

爱好
4 Hobbies

学习目标

本单元，你会：

- 听关于休闲活动和运动的对话
- 阅读关于休闲活动和运动的文字
- 讨论你做的休闲活动和运动
- 用程度补语写你对爱好的看法

你还会学到：

- “不”和“没”的分别
- 句型“一边……一边……”的用法
- 怎样描述“多长时间”

单元介绍

本单元的所有活动都围绕着“爱好”这一话题。通过听、说、读、写各项活动，学生将会学习到一系列和兴趣爱好相关的词语和表达。

语言点方面，学生将在这一单元中重点学习“不”和“没”的分别，以及学会用“一边……一边……”描述两个动作的同时进行。本单元的语言难点之一是用程度补语描述“做这个爱好做得怎么样”，学生需要通过较多的例句和操练才能熟练掌握句型。

第二个难点是提问和回答“多长时间”的问题。活动中将会提供一系列回答“多长时间”的短语，供学生参考。

一　温故知新

教学建议

这个部分一共有四个活动，主要是带出和“休闲爱好”相关的词语以及句型，为之后的活动做准备。

第一个活动是搭配题，同时也为学生提供了基本生词。除了完成搭配练习外，老师还可以和学生“你比我猜”的游戏，以巩固对这些词语的掌握。

活动二除了巩固第一个活动所学的词以外，实际上也是对动宾结构的词与短语的整理。学生并不一定需要掌握“动宾短语”这一语法术语，但是他们一定要掌握汉语中这一类词的特殊性。这对之后学习“多长时间”的用法以及“程度补语”的结构有很大帮助。

相比活动一和活动二，活动三的形式较为灵活，是一个问卷，因此并没有固定答案，学生可以根据自己的实际情况作答。值得一提的是，问卷中的每个问题都是日常交际中常见的问句，也是所有中文学习者必须熟练掌握的问句。因此老师可以和学生强化训练以下几个问句：

1 你有什么爱好？／你的爱好是什么？
2 你会跳舞／唱歌／滑冰吗？／你会不会跳舞／唱歌／滑冰？
3 你喜欢什么运动？
4 你每天做运动做多长时间？

参考答案

因材施教

活动三是一个问卷。对于程度较好的学生，老师可以鼓励学生将问卷结果收集整理，并加以分析总结，做出一份报告。这对学生们既是一种写作能力的训练，也是一种很有现实意义的"研究能力"的培养。

句型

多长时间

活动三中引出一个重要的疑问词"多长时间"。这是一个很常用的疑问词，然而学生常常困惑，不知如何回答。同时，这个疑问词又容易和"什么时候"混淆。这一点在听力一练习中有所提及。

关于"多长时间"的提问和回答的方法，在讲解时，老师可以将句式结构以表格形式列出如下，然后让学生往里面填空。建议老师在讲解表格时，可以和学生一同重温一次活动二中的"动宾短语"表格练习。

Subject	Activity	Repeat the verb in the activity	多长时间 / phrases of duration	English
你	做运动	做	多长时间？	How long do you do sport?
我	睡觉	睡	八个小时。	I sleep for eight hours.

当然，在日常交际中，有时候我们可以将句型简化为 Subject + verb in the activity + 多长时间，然而简化的前提是，意思必须明确。例如"你睡多长时间？"这个句子的意思是清晰的，可以完成交流。但是"你做多长时间？"却因为意思不明确，并不能完成交流。

因材施教

老师也可以根据学生的能力，有取舍地介绍"多长时间"的第二种提问及回答方式，即

Subject	Verb in the activity	多长时间	的	Object in the activity
你	做	多长时间	的	运动？
你	唱	五个小时	的	歌。

当然，两个句型在强调上有一定差别，前者强调"时间"，后者强调"活动"。

文化

这个部分及以下的活动四展示了五种中国传统休闲活动。对于学习中文的学生来说，适当的增加一些"文化元素"势必会对他们的学习有帮助。而老师也可以鼓励学生将这些表示"传统休闲爱好"的词语作为补充词语记下来，在今后交流、写作中可以用上。

句型

一边……一边……

一边……一边……句型是在"文化"(Culture box) 中提到的，原句是：

每天早上，老人喜欢一边听京剧，一边下象棋。

老师可以从这个句子入手，和学生想像一下这个画面。然后再完成表格中的句子练习。

一、

1 B　2 C　3 A　4 E　5 D

二、

看／报／看报
滑／冰／滑冰
睡／觉／睡觉
唱／歌／唱歌

句型（多长时间）、

你上网上多长时间？我看书看半个小时。
你上多长时间的网？我看两个小时的书。

延伸活动、

我每天睡觉睡十个小时。Or 每天我睡觉睡十个小时。

四、

1 E **2** D **3** A **4** B **5** C

句型（一边……一边……）、

1 听音乐， **2** 听京剧， **3** 写书法。
4 我弟弟一边看电影一边上网。

二 听力（一）

教学建议

听力前，老师应和学生先将词汇学习一遍。由于这个录音与“多长时间”和“什么时候”这两个疑问词有着密切的关系，老师也应该和学生一同复习一下这两个疑问词及其回答方式。老师带着学生将“小贴士”的要点学习一次，并提醒学生在听录音时，捕捉相关信息。

听力录音 CD01, Track 10

小王：我叫小王。我喜欢钓鱼。五岁的时候，我学钓鱼。我学钓鱼学了五年了。
张英：我叫张英。我的爱好是滑雪。我十岁的时候学滑雪。我滑雪滑了三年了。
大朋：我叫大朋。我的爱好是游泳。我三岁的时候学游泳，现在我游了十七年了。
李那：我叫李那。我喜欢打保龄球。我十四岁的时候学打保龄球，现在我打保龄球打了六年了。
吴文：我叫吴文。我的爱好是打排球。我十三岁的时候学打排球，现在打了五年了。

参考答案

1 滑雪／十岁／三年
2 游泳／三岁／十七年
3 打保龄球／十四岁／六年
4 打排球／十三岁／五年

三 阅读（一）

教学建议

本活动除了引出一些新词以外，也是一个巩固“多长时间”和“什么时候”用法的练习。

参考答案

1 D **2** B **3** B **4** C

四 说话（一）

教学建议

除了两人一组完成对话外，老师也可以做 speed dating 活动，让学生分两排站好，在有限时间内（例如 30 秒或 1 分钟）尽可能地多问答题中的问题。

参考答案

B1: 我的爱好是唱歌和跳舞。
B2: 我每天下午唱歌和跳舞。
B3: 我和我的朋友一起唱歌和跳舞。
B4: 我喜欢游泳。
B5: 我每天运动一个小时。／我每天游泳游两个小时。

五 阅读（二）

句型

主要介绍程度补语的基本用法。老师可以和学生先温习一下“温故知新”活动二中的动宾短语结构。也可以在那个表格基础上进一步拓展整理所有的动宾短语，然后帮助学生归纳如下：

Verb	Object	Activity
跑	步	跑步
上	网	上网
打	保龄球	打保龄球
踢	足球	踢足球

在清晰掌握哪些是动词 Verb，哪些是 Object 以后，学生应该能够较好地理解句型并套用句型进行操练。

语法

“不”和“没”的用法一直以来是教学的重难点。不仅在本课，在之后的教学中老师还应该和学生反复提及。两者的分别，可以简单概括如下，老师可以在课本信息基础上，适当地加以补充。

到本单元为止，“不”和“没”的区别主要体现在一些惯用搭配上。例如“是”、“喜欢”等动词的否定须在词的前面加“不”；而“有”的否定则须在前面加“没”。对于课本中还未介绍的其他情况，老师可以视学生程度作讲解。总的来说，“不”是否定所有的习惯动作和未发生的动作；“没”是用来否定过去发生的动作。比如“不去”可以表示将来 won't go，也可以表示习惯 don't go，而“没去”则表示 didn't go 的意思。而对于“有”的否定，不论过去还是将来，只能用“没”。

另外，如果句子中已有了“过”这一表示“过去发生的”词，否定形式就一定要在动词前加“没”。例如，我没去过中国。I have not been to China before.

参考答案

1 画　　2 弹　　3 弹吉他弹　　4 一个小时

句型、

1 我画画儿画得不好。　　2 她跳舞跳得很好。

六 说话（二）

教学建议

这是一个提供了基本结构的小演讲。老师可以让学生先填空，再将讲稿演讲出来。需要说明的是，“表达观点和看法”并非本单元的重点，但是作为语言点学习，也为了给下一单元的学习奠定一个基础，本单元介绍了“觉得”的用法，老师可以根据“句型”中的解释和例句和学生进行练习。

七 听力（二）

听力录音 CD01, Track 12

记　者：你好，张美英。认识你很高兴。
张美英：谢谢，认识你我也很高兴。
记　者：你打网球打了多长时间了？
张美英：我打网球打了二十年了。我十岁的时候，和姐姐一起看了一个运动会，认识了网球。
记　者：不打网球的时候，你有什么爱好？
张美英：我喜欢滑冰和看书。
记　者：你喜欢看什么书？
张美英：杂志、小说我都喜欢。我也喜欢和我的女儿一起看小人书、连环画。
记　者：你的女儿多大？
张美英：她两岁。
记　者：你的女儿喜欢看你打网球吗？
张美英：她很喜欢。
记　者：谢谢你
张美英：不客气。

参考答案

1 C　2 B　3 A　4 A　5 B

八　写作

教学建议

共两个活动。第一部分继续之前的"偏旁部首"学习。

第二部分是一个写信活动。结构已提供给学生。老师可以再次和学生强调书信的格式，提供给学生一个书信格式范本，如下。

亲爱的 ______:	称呼收信人
你好。好久不见了。你好吗？	问候（段前空两格）
	正文（段前空两格）
祝 好	祝福语
王明 五月六日	写信人署名 日期

参考答案

一、

1 昨　2 点　3 穿　4 踢　5 打　6 看 睡

二、

亲爱的李明：

你好吗？我叫林美美。今年十五岁。我住在新加坡。我有各种各样的爱好。

我喜欢运动。我每天下午做运动。我喜欢的运动是打排球，游泳和踢足球。我每天运动一个小时。我觉得踢足球很好玩儿，但是打篮球没意思。

我也喜欢听音乐。古典音乐和流行歌曲我都喜欢。我喜欢一边听音乐，一边做作业。

你有什么爱好？期待你的回信。

祝

好

林美美

三月一日

练习册答案

练习一、

1 爱好 (ài hào)　2 电影 (diànyǐng)　3 电视 (diàn shì)　4 上网 (shàngwǎng)

5 游泳 (yóuyǒng)　6 排球 (pái qiú)　7 爬山 (pá shān)　8 跳舞 (tiào wǔ)

练习二、

1 不　2 非常　3 没　4 总是

练习三、

1 我一边上网，一边听音乐。
2 妹妹一边唱歌，一边跳舞。
3 奶奶小时候一边工作一边学习。
4 爷爷一边吃早饭，一边看报。

练习四、

1 一个小时　2 三年　3 三十分钟
4 五个小时　5 两个月　6 八点
7 每个星期五　8 昨天　9 一天
10 天天

练习五、

1 你有什么爱好？／你喜欢做什么？
2 你什么时候看电影？
3 你游泳游了多长时间了？
4 你会不会打网球？／你会打网球吗？
5 你喜欢钓鱼吗？为什么？

练习六、

2 姐姐画画儿画得非常好。
3 他打网球打得不错。
4 我每天上网一个小时。
5 弟弟常常去朋友的生日会。Or 朋友的弟弟常常去生日会。

练习七、

1 李那八点起床。
2 李那看书看一个小时。
3 下午两点半的时候，李那做作业。
4 李那 10:00–12:00 游泳。／李那上午十点至十二点游泳。
5 晚上七点半的时候，李那吃晚饭。
6 下午李那和妈妈一起去买东西。
7 李那玩电子游戏玩半个小时。

练习八、

亲爱的小王：

你好！我是你的笔友明明。我的爱好是打篮球和听音乐。我星期一下午打篮球，每天晚上听音乐。我打篮球打了两年了。我和我的朋友们一起打篮球。我非常喜欢一边打篮球，一边听音乐。因为我觉得很好玩儿，也很有意思。

你有什么爱好？请给我回信。

明明

四月十日

日常活动
A Everyday activities

饮食
5 Eating and drinking

学习目标

本单元，你会：

- 阅读餐馆里的菜单和点菜
- 听餐馆里的对话
- 用“怎么样”提问和回答、表达你的看法
- 写食评

你还会学到：

- 量词：包、盒、盘、碗、块、杯、瓶
- “在……这儿／那儿”的用法
- 语气助词：吧、呢、了
- 选择疑问句：……还是……

单元介绍

本单元的所有活动都围绕着“饮食”这一话题。学生将会阅读到餐馆的介绍，以及学会看懂菜单，还会通过“写食评”的活动发表自己的看法。通过本单元的活动，学生还应掌握一些日常餐馆点菜用语。

语言点方面，学生将会学到语气助词“吧”、“呢”和“了”的用法。同时，选择疑问句的学习也是本单元的重点。

从本单元开始，学生将会陆续学到一系列与不同话题相关的量词。本单元的量词和话题“饮食”相关。学生可以通过练习册上的一系列练习来理解这些量词的使用方法。

一 温故知新

教学建议

这个部分一共有三个活动，前两个活动主要带出话题词汇 (topic vocabulary)，第三个活动主要介绍语法点，即语气助词“吧”、“呢”和“了”的用法。

活动一，说出图片中水果的名称。这个活动，主要帮助学生学习“水果”类的词语。

活动二，分类题。除了让学生从认知上区分“吃”和“喝”这两个词的功能外，也达到强化生词学习的目的。

活动三，语法题。老师可以先和学生一起读完“句型”后，再完成练习。

参考答案

一、

香蕉、苹果、葡萄、橙子等

二、

吃：面包、鸡蛋、蔬菜　　　喝：牛奶、果汁、茶

三、

1 B　2 A　3 C　4 B　5 A

练习册

练习五中，有关于语气助词的改错句练习。错句整理自学生出错的案例，通过改错，学生能认识到错误原因，避免今后再犯同样的错误。

二　听力（一）

教学建议

听力前，老师应和学生先将词汇学习一遍。然后给学生一点时间，先看题目，再放录音。

听力录音 CD01, Track 13

1 小王和小英在谈他们今天的早饭。
小王：你好，小英。你今天早饭吃什么？
小英：我吃面条。我喝果汁。

2 李老师和张老师在谈他们的午饭。
李老师：张老师，你午饭吃什么？
张老师：我吃米饭，喝酸辣汤。

3 妈妈和天天在谈今天的晚饭。
妈妈：天天，今天晚上你想吃什么？
天天：我想吃面条。

参考答案

1 C　2 B　3 A

三　阅读（一）

教学建议

这个阅读活动中，三个人在介绍他们的一日三餐。文中不仅让学生学习到与"吃"有关的词语及表达，同时也复习到时间词以及时间词在句子中的位置。读完后，老师也可以和学生分享一下他们的一日三餐。

课堂中，老师也可以设计一些小组阅读活动，让学生在小组中互帮互助，从而达到最佳学习效果。例如，老师可以将三段文字分别给三个小组的学生，让他们读完以后，告诉另外两组同学他们所获得的信息，并填写下面的表格。

	明明	英英	美美
早上			
中午			
晚上			

参考答案

1 （明明的）妈妈　2 面条　3 西餐
4 美美　5 蔬菜和水果

四　说话（一）

教学建议

可以让学生在有限的时间内，就表格里的问题采访两位同学，并将答案写在表格里。为了让学生巩固所学知识，建议学生在口头回答以及记录的时候，都写完整的句子。

因材施教

同一个班上，给同样的时间，一定会有同学完成得非常快。这个时候，老师可以鼓励学生用一段话把采访内容整理出来，用第三人称形式写一份"采访报告"。

五　阅读（二）

教学建议

本活动主要训练学生根据问题从文中捕捉信息的能力。老师应和学生一同学习疑问词“怎么样”的用法后，再完成这个阅读练习。

该活动中的“语法”主要介绍指示代词“这儿”和“那儿”的用法。老师可以先和学生复习一下第二单元中的“这”、“那”以及疑问词“哪”、“哪儿”、“哪里”的用法后，再结合课本中的讲解，帮助学生学习和掌握指示代词的用法。

> **语法**
>
> 讲解这个语法点时，老师可以先和学生一同复习第二单元中“这”、“那”的用法。接着再讲解以下几个方面：
>
> 1 “这儿”和“那儿”也可以说成“这里”和“那里”，分别指代较近和较远的处所，英文意思即为 here 和 there。
>
> 2 它们的疑问词是“哪儿／哪里”，老师需要提醒学生注意“哪儿”和“那儿”的发音区别。
>
> 3 在名词或表示人的代词后加上“这儿”或“那儿”可以表示处所。

> **句型**
>
> **怎么样**
>
> 疑问词“怎么样”是用来问人们的观点和看法的。提问和回答的时候，常常在句子前加上“觉得”。

参考答案

1 很好吃　　2 不好喝

3 糖果、蛋糕和冰淇淋　　4 饼干

句型、

1 你觉得这个餐厅／饭馆怎么样？

2 你觉得这个电影怎么样？

六　阅读（三）

教学建议

文本是改编自餐馆的真实菜单。除了作为阅读理解材料外，本材料也可以作为课堂情景对话的“菜单”。

> **语法**
>
> 本单元的量词和话题“饮食”相关。在教学过程中，老师可以让学生在阅读（三）中划出所有的量词。学生可以通过练习册上一系列的练习来理解这些量词的使用方法。

参考答案

1 B　**2** A　**3** C　**4** C　**5** D

七　听力（二）

听力录音 CD01, Track 16

顾　客：你好，服务员，我要点菜。
服务员：好的。菜单在这儿。你想吃什么？
顾　客：我要一个汉堡包和一包薯条。
服务员：你要牛肉汉堡包还是鸡肉汉堡包？
顾　客：我要牛肉汉堡包。
服务员：你要喝什么？我们的葡萄酒、白酒和橙子汽水很好喝。
顾　客：我不喜欢喝酒，也不爱喝汽水。我想喝咖啡。
服务员：要加糖和牛奶吗？
顾　客：要加牛奶，不要加糖。
服务员：好的。
……
服务员：你的菜来了。
顾　客：我没有杯子。
服务员：对不起，我帮你拿。
顾　客：谢谢。
……
服务员：请尝尝我们自己做的冰淇淋吧。
顾　客：谢谢你！
服务员：你觉得我们的餐厅怎么样？
顾　客：我觉得这家餐厅不错。我很喜欢你们的冰淇淋。你们服务员也很友好。
服务员：谢谢你！请你的朋友一起来吧！

句型

……还是……是一个非常重要的选择疑问句句型。需要和学生们强调：句尾不加"吗"。

回答选择疑问句 A 还是 B 时，一般只需要选择 A 或者 B 来回答，当然，如果二者都要，那么就回答"(A 和 B) 两个都要"或者"(A 和 B) 两个都不要。"

参考答案

1 一个汉堡包　2 咖啡　3 牛奶
4 杯子　5 冰淇淋

八　说话（二）

教学建议

可以让学生两人一组，将对话表演出来。

延伸活动

学生可以用阅读（三）中的菜单，将对话改编后，表演出来。

九　写作

共两个活动。第一部分继续之前的"偏旁部首"学习。

第二部分是一个写食评的练习。值得强调的是，这一活动并不严格要求学生写真正意义上的食评，学生能够回应提示问题，并将回应写成连贯的 80–100 字就可以了。

因材施教

如果学生有兴趣，也可以制作海报，介绍他们去过的餐厅，同时推荐一两道菜，并写一写推荐理由。

参考答案

一、

1 凉　2 错　3 过　4 桌　5 欢　6 忙
7 想

二、

那家中餐馆叫"中国味"。在那里，你可以吃到美味可口的饭菜。我觉得牛肉面很好吃，不太咸，也不太辣。酸辣汤也很好喝。口渴的时候，他们的茶也很好喝。

考试练习题

参考答案

B1: 我是英国人

B2: 现在我住在 (any Chinese cities are acceptable, e.g. 北京, 上海, etc.)

B3: 我每天八点上课，下午五点下课 (any reasonable time words should be acceptable)

B4: 不上课的时候，我喜欢打篮球 (any words to do with hobbies will be acceptable)

B5: 我觉得中国菜很好吃／不好吃。 (any words to do with opinions will be acceptable)

练习册答案

练习一、

1 水果 (shuǐguǒ)　2 面包 (miànbāo)　3 蛋糕 (dàngāo)　4 香蕉 (xiāngjiāo)
5 苹果 (píngguǒ)　6 牛肉 (niúròu)　7 牛奶 (niúnǎi)　8 米饭 (mǐfàn)
9 面条 (miàntiáo)　10 橙子 (chéngzi)

练习二、

1 包　2 块　3 杯／瓶　4 碗　5 杯
6 盒　7 盘

练习三、

1 你喜欢苹果还是橙子？
2 你要喝咖啡还是喝茶？
3 你要吃面条还是米饭？
4 你是中国人还是日本人？
5 你喜欢唱歌还是跳舞？

练习四、

1 A　2 B　3 B　4 B　5 A

练习五、

1 你吃鸡肉还是猪肉？
2 你喜欢吃中国菜吗？
3 我们一起去餐厅吃饭吧。
4 我是日本人，你呢？

练习六、

1 B 2 C 3 F 4 I 5 D 6 G
7 J 8 A

练习七、

1 是 2 非 3 是 4 非

练习八、

1 E 2 F 3 H 4 J 5 D
6 G 7 B 8 C 9 I 10 A

练习九、

去年，我和爸爸、妈妈一起去一个中国餐厅吃饭。那个餐厅叫天天来餐厅。餐厅很漂亮，服务员也很好。我们都很喜欢那个餐厅。那儿有很多好吃的中国菜，有酸甜鸡肉，酸辣鱼和白菜，也有西餐：薯条和汉堡包。我们点了很多菜。爸爸爱吃甜，他点了酸辣汤，我喜欢吃冰淇淋，妈妈喜欢吃鱼。我觉得天天来餐厅非常好，因为有很多很好吃的中国菜和西餐。

个人与社会
B Personal and social life

健康与运动
6 Health and fitness

学习目标

本单元，你会：
- 学习“身体部位”的词语
- 读和写病假条
- 和医生讨论你的病情
- 描述一个人的外貌

你还会学到：
- 动量词“次”的用法
- 频度副词“常常”、“总是”、“经常”
- 疑问词“怎么(了)/怎么样”
- 句型“又……又……”的用法。

单元介绍

本单元的活动主要围绕着“健康”、“看病”以及“描述人的外貌”这些话题和功能展开。学生将会将所学的与话题相关的词汇充分运用到活动中去，从而提高口语交际能力。本单元也有关于“病假条”的写法介绍，实用性较强。

语言点方面，学生将会学到动量词“次”的用法，频度副词“常常”、“总是”和“经常”等词语也会在本单元介绍。此外，本单元还将介绍句型结构“又……又……”的用法。学生可以通过一系列解释和例句对这些语言点有一定的认识。

一 温故知新

教学建议

这个部分一共有四个活动，活动主要目的是带出话题词汇 (topic vocabulary)，以及引发学生对“健康”话题的讨论。

活动一，指出身体部位。除了用课本上的图片以外，老师也可以开展一系列的游戏活动，提高学生的学习兴趣。下面介绍几种课堂活动。

一、Total Physical Response 学生两到三人一组，先在小贴纸上写上身体各部件的名称，例如“眼睛”，“鼻子”，“嘴巴”等，然后一边将贴纸贴在对方的身体部位上，一边说出这个部位的名称。这个活动适合活泼好动的学生。

二、Running Dictation 老师在讲台上准备好标有“身体部位”的人体图（可以用课本中的图片），学生三到四人一组，每组有一张同样的图，但没有标出“身体部位”，学生轮流到讲台上，记忆拼音、汉字，然后写下，在最短时间内标完全部“身体部位”的小组获胜。这个活动能帮助学生在短时间内通过互帮互助记忆汉字。

活动二，判断题。主要让学生掌握一些常用的短语，以及用“……对身体好/不好”来评论。除了完成该题外，老师还可以和学生进一步讨论其他活动，作为延伸学习，例如“喝酒”，“不刷牙”，“吃饭以后跑步”等等。

活动三，“排除异类”题。看上去较为简单，但是词汇量较大。老师可以和学生先学习生词后，再将这五题作为巩固练习。

活动四，介绍一系列描述外貌的形容词。值得注意的是，六个词又分别是三对反义词。其中“高／矮”这对反义词和“长／短”这对反义词需要老师提醒学生，前者是和高度 (height) 相关的，而后者则和长度 (length) 相关。除此以外，老师可以和学生复习一下第一单元提及的陈述句句型。

句型

Subject + 很 + Stative Verb 一般情况下，句型不能用“是”。

关于 Subject + 很 + Stative Verb 中的“很”的用法，通常我们会和学生解释“很”并不完全表示 very 的意思很多时候它可以理解为英文 quite，而它的主要作用就是加在主语和这类表示状态的动词之间。如果没有加“很”，句子会带有“比较”的意思。例如：

“他很高”就是单纯地描述一个人的身高。而如果去掉“很”，就变成“他高”，意思就是“可能还要说有人比他矮”。

而在否定句中，我们通常要将“很”去掉，直接用“不”替代，例如：

我不高。

在疑问句中，“很”也不需要。一般有两种提问方式，例如：

(1) 他高吗？

(2) 他高不高？

练习册

练习四中，有 Subject + 很 + Stative Verb 翻译题，供学生巩固运用。

参考答案

一、

1 头　2 眼睛　3 耳朵　4 嘴巴
5 肚子　6 脚

二、

对身体好：BCEG　对身体不好：ADF

三、

1 C　2 B　3 D　4 C　5 D

四、

1 B　2 A　3 F　4 C　5 D　6 E

二　听力（一）

教学建议

听录音前，老师应和学生先将词汇学习一遍。然后给学生一点时间，先看题目，再放录音。

听力录音 CD01, Track 17

护士：喂，你好。马力医院。
王明：喂，你好。我想看李医生。
护士：你叫什么名字？
王明：我叫王明。
护士：请问你的生日是几月几号？
王明：我的生日是二零零一年八月十日。
护士：你哪儿不舒服？
王明：我感冒了，发烧，嗓子疼。
护士：你想什么时候来？
王明：星期五上午，可以吗？
护士：好的，上午十点半。
王明：好的，谢谢你。再见。
护士：再见。

参考答案

1 B　2 A　3 B　4 B　5 A

三　说话（一）

教学建议

该活动主要目的是练习听力（一）中的对话。老师可以向学生简单讲解听力文本中的难点词语后，以口语练习为目的，将对话表演出来。

延伸活动

根据学生能力，老师也可以要求学生将情景改为"看牙医"。

四　阅读（一）

教学建议

这个对话文本承接了听力(一)和说话(一)的故事情节。王明和护士预约了看病时间后，现在在医院和医生对话。阅读前，老师可以和学生用问答形式回顾一下之前的故事情节。

问 1：王明哪儿不舒服？

答：感冒了，发烧，嗓子疼。

问 2：王明想看哪个医生？

答：李医生。

……

也可以让学生推测一下，在看医生的时候，会发生什么？例如医生会问什么问题，还会做什么？

因材施教

对于写作能力较强的学生，老师也可以鼓励学生将对话体改为第一人称，从王明或医生的角度写一段话。

句型

在介绍疑问词"怎么样"和"怎么了"前，老师可以和学生一起归纳一下到目前为止出现的询问"what is wrong with you?"的表达法。答案如下：

1 你哪儿不舒服？
2 你怎么了？
3 你怎么样？

通常情况下，询问"哪儿不舒服"时，"怎么样"和"怎么了"可替换使用。在上个单元中，"怎么样"还表示询问观点，"怎么了"没有这个意思。

参考答案

1 生病了／感冒了／发烧，头疼，嗓子也疼
2 昨天下午
3 他睡觉睡得不好。
4 他要打针。
5 他一天要吃三次药。

五　写作（一）

教学建议

这又是一个衔接之前活动故事情节的活动。王明看完医生了，需要请假。所以这个写作活动就要求学生以王明的口吻发电子邮件写请假条给老师。实际教学中，老师也可以让学生给自己发电子邮件，在真实情境中学习。

参考答案

发送：十月六日

发件人：wangming@xuehanyu.com

收件人：zhanglaoshi@xuehanyu.com

主题：病假条

亲爱的张老师，

对不起，我今天身体不舒服。我生病了。发烧，头疼，嗓子也疼。大夫要我请假一天，在家休息和吃西药。请原谅，我不能去学校。

谢谢！

祝

好！

王明

六　阅读（二）

教学建议

利用这个阅读活动，老师可以开展一些关于"健康生活习惯"的延伸讨论。可以和学生讨论下面表格中的问题。

健康的生活习惯		
饮食	生活	运动
你的一日三餐吃什么？	你每天几点起床？	你常常做运动吗？
你喜欢吃蔬菜吗？	你每天几点睡觉？	你一星期做几次运动？

老师也可以和学生深入讨论关于“健康”的话题。可以和学生讨论以下几个问题：

1 瘦就是身体好吗？
2 胖的人身体就不好吗？
3 我们应该怎样保持身体健康？

因材施教

续写活动：一个月后，高美美变成什么样了？她吃了什么？做了什么？

句型

重点是 又……又…… 的用法。注意提醒学生，这一句型只能有一个主语。

参考答案

1 C 2 B 3 A 4 D 5 C

语法、

1 我哥哥又高又瘦。
2 游泳又健康又好玩。
3 我常常生病。
4 你哥哥长什么样？
5 我妈妈总是说：“运动对身体好。”

七 阅读（三）

教学建议

情境式的阅读题，一共两个活动。活动一是一个对话填空。活动二是判断题，主要考查对“病例卡”信息的捕捉。

参考答案

一、

1 C 2 B 3 D 4 E 5 A

二、

1 非 2 非 3 非 4 是 5 是

八 说话（二）

教学建议

老师可以安排学生两人一组，将阅读（三）中的对话表演出来。

九 听力（二）

听力录音 CD01, Track 20

李文：我的女朋友叫张小明，她是中国人。她今年十八岁，她很年轻，又高又瘦，她的头发很长，皮肤很健康。她喜欢帮助人。她是一个有爱心的人。

参考答案

1 中国人
2 十八岁
3 又高又瘦，头发很长，皮肤很健康。
4 喜欢帮助人。

十 写作（二）

教学建议

共两个活动。第一部分继续之前的“偏旁部首”学习。

第二部分是篇章写作练习。要求学生在自己的博客中写自我介绍。老师可以鼓励学生开创自己的中文博客，在上面练笔写日记。

参考答案

一、

1 病疼　2 糖糕　3 碗　4 花　5 饭
6 坏　7 床

二、

我叫吴小林。今年十五岁。我是法国人。我家有四口人，爸爸、妈妈、姐姐和我。我的爸爸四十五岁。他又高又瘦，有大大的眼睛。我的妈妈四十三岁。她很漂亮，有长长的头发和高高的鼻子。我的姐姐今年十七岁。她和爸爸一样，也高高的，也有大大的眼睛。我觉得我长得不好看。我不高，也没有爸爸的大眼睛，也没有妈妈高高的鼻子。但是，我有各种各样的爱好。我喜欢踢足球、游泳、唱歌和画画儿。

练习册答案

练习一、

1 眼睛 (yǎn jing)　2 鼻子 (bí zi)　3 耳朵 (ěr duo)　4 皮肤 (pí fū)　5 头 (tóu)
6 牙齿 (yá chǐ)　7 手指 (shǒu zhǐ)　8 脚 (jiǎo)　9 腿 (tuǐ)　10 心 (xīn)

练习二、

2 A　3 F　4 B　5 D　6 E

练习三、

1 哥哥又高又瘦。
2 妈妈又年轻又漂亮。
3 昨天我又发烧又咳嗽／我昨天又发烧又咳嗽。
4 妹妹的头发又长又漂亮。
5 弟弟又唱歌又跳舞。

练习四、

1 我妈妈很高。　2 她很瘦。
3 我很不舒服。　4 电影很好看。
5 饭店很好。　6 他的眼睛很大。

练习五、

1 B　2 E　3 A　4 C　5 D

练习六、

1 B　2 C　3 D　4 A　5 E

练习七、

1 每个星期二、五
2 三次
3 要多喝水，多吃水果，少抽烟
4 黄文的身体不好。
5 不喜欢，因为打针很疼，吃药很苦。

练习八、

我的好朋友叫冰冰。她是英国人。她很漂亮，又高又瘦。她的鼻子高高的，眼睛大大的，头发长长的。她喜欢吃蛋糕和冰淇淋。她的爱好是唱歌和跳舞，也喜欢运动。我常常和她一起打篮球和游泳。

个人与社会
B Personal and social life

家居生活
7 Home life

学习目标

本单元，你会：

- 学习关于房子、家具、家用电器的词语
- 明白“有”在句子中的用法
- 使用方位词和句型 Subject 在＋Localiser 和 A 在 B（的）＋ Localiser 描述方位

你还会学到：

- 量词：朵、棵、张、台、部
- 动词叠用：看看、听听……

单元介绍

这一单元是跟“家居生活”有关的。学生会学习到和房子类型、家具以及家用电器相关的词语。这一单元会介绍一系列方位词以及用方位词来描述方位。本单元中的阅读会带出存现句“有”的用法。

除了方位词和存现句以外，这一单元的语法点还包括动词的叠用，句型方面还包括“正／在／正在＋动词”。课本中的解释、例句也比较多，可以跟学生一起看，然后用练习册来巩固学生的语法知识。

和前面一些单元一样，本单元还会继续介绍一些量词的使用。本单元的量词与“家居生活”话题相关。学生可以通过一系列的练习来理解这些量词的使用方法。

一　温故知新

教学建议

这个部分一共有三个活动，分别带出三个重要的学习内容。第一个活动主要是让学生在空间中学习不同房间的类型。学生可以一边看图，一边将词汇表中的词语和图中对应，并说出。

第二个活动有两个目的。第一个目的，让学生巩固对上一个活动词语的学习。引导学生运用这些表示“不同房间类型”的词语。学生可以先思考，写下答案，然后在班上读出句子，可以同时完成“读”和“写”两种技能的训练。同时，“在＋ Place ＋动作”也是为 Chapter 10 集中介绍介词“在”的用法做一个铺垫准备。第二个目的，是引出“动词叠用”，并在活动后的“语法”中有基本的介绍。老师可以先让学生读一读活动中 1–5 题人物说的话，体会一下动词叠用和不叠用的区别。然后介绍哪些动词可以叠用，哪些不可以，以及什么情况下可以叠用，什么情况下不可以。**提醒：老师可以建议学生先理解动词叠用的作用，再尝试在口语中使用一些动词叠用。而在写作中，除非特别有把握，应该慎用动词叠用。**

第三个活动是量词填空。老师可以先和学生一起阅读“语法”中的量词的使用介绍，再完成填空练习。

练习册

练习三种提供了动词叠用的练习，老师可以通过这一练习，帮助学生巩固对动词叠用的掌握。

参考答案

一、

口语题，学生能说出和图片内容对应的词语即可。

二、

1 厨房 2 客厅 3 书房 4 花园 5 书房

三、

1 朵 2 张 3 棵 4 张 5 部 6 台

二 阅读（一）

教学建议

这篇范文是用博客形式写的，同时带出本课需要带出的语法点：方位词。通过本文的学习，学生需要理解方位词，以及明白两种句型，即

1 Subject 在＋ Localiser 以及

2 A 在 B(的)＋ Localiser 的意思。

本活动附带一个语法练习。主要让学生掌握中文中方位词的位置。不同于英文中的介词 (preposition) 总是在名词的前面，中文常常用"(在) ……＋方位词"表达。老师可以通过中英文搭配练习，向学生强调这一点区别，同时提醒学生在今后运用中加以注意。

因材施教

对于能力高的学生，老师应让他们举一反三，让他们用课文中的方位词及句型介绍自己的家或者自己的房间。

练习册

练习册中也提供了一系列方位词的练习，方便学生们巩固学习。

句型

方位词讲解完，不免要开始介绍方位词的三种常用句型。

1 Subject 在＋Localiser

2 A 在 B（的）＋Localiser

3 Place ＋Localiser 有＋ Object

在介绍 Place ＋Localiser 有＋Object 这类存现句时，老师可以将阅读（一）和听力（一）中的几个句子写出来，让学生翻译。例如：

客厅里有一张沙发，一台电视机，一张桌子和四张椅子。之后，老师可以再写一个英文句子，让学生尝试翻译，例如：

There are two books on my table.

根据学生程度，老师也可以和学生从翻译词组开始，逐步分析，逐步完成翻译。例如：

on my table ＝我的桌子上（边）

two books ＝两本书

there are ＝有

参考答案

一、

1 右边 2 阳台 3 爸爸妈妈的

4 坏了 5 我（林小）的

二、

1 A 2 C 3 B 4 B

语法、

1 A 2 E 3 D 4 F 5 C 6 B

句型、

1 在 2 左边 3 桌子 4 上（边）

5 里（边） 6 一台洗衣机。

7 里（边）有一张桌子、一张沙发和一台电视。

8 书架上（边）有很多书。

三 听力（一）

教学建议

本活动巩固对方位词的掌握。听录音前，老师可以先和学生一起复习一下上一个活动中的语法点。

听力录音 CD01, Track 22

马小天：这是客厅。客厅里有一张沙发，一台电视机，一张桌子和四张椅子。

这是厨房，厨房里有一台冰箱和一台洗衣机。

这是书房，书房里有一个书架，书架上有很多书。书架旁边有一台收音机和一个台灯。

这是我的卧室。我的卧室里有一张床，一张书桌和一个大衣柜。书桌上有一把梳子。

我爸爸、妈妈的卧室里也有一张床和一个大衣柜，他们没有书桌，但是有一台电话和电脑。

参考答案

1 一台电视机，一张桌子，四张椅子
2 一台冰箱，一台洗衣机
3 一个书架，一台收音机，一个台灯
4 一张床，一张书桌和一个大衣柜
5 一张床，一个大衣柜，一台电话和电脑

四 说话（一）

参考答案

1 洗衣机在厨房。
2 客厅里有一张沙发，一台电视机，一张桌子和四张椅子。
3 书房里有一个书架。
4 我的卧室里有衣柜。
5 我爸爸妈妈的卧室里没有书桌。

五 写作（一）

教学建议

本活动提供了作文的基本结构。主要是帮助学生打开思路，完成写作。

附带的文化部分介绍了不同房子的类型，例如“楼房”，“公寓”以及“平房”。写作前，老师可以和学生一起阅读、讨论。

参考答案

我家有四口人。他们是爸爸、妈妈、弟弟和我。我们家住在一个两层楼的楼房里。我家的房子很宽敞。一楼有一个客厅、一个厨房。二楼有两个卫生间，三个卧室。一进门，厨房在右边。客厅在中间，很大。我们的卧室在二楼。我的卧室在爸爸、妈妈卧室的左边。弟弟的卧室在爸爸、妈妈卧室的右边。我们家的前面有一个大花园。花园旁边是车库。

每天晚上，爸爸在客厅里看电视。妈妈在厨房里一边听音乐，一边做饭。弟弟和我在花园里玩电脑游戏。

我很喜欢我家的房子，因为我觉得它又大又干净。

六 阅读（二）

教学建议

这一篇范文改写自真实的租房广告。学生阅读三则广告后，分别为三位租客选择适合的房子。老师可以帮助学生先梳理一下生词，然后通读三位租客的要求后，让学生独立完成选择练习。

参考答案

1 C 2 A 3 B

七　听力（二）

听力录音 CD01, Track 24

小　吴：你好，林友朋，你搬家了，是吗？
林有朋：是啊。我上个星期搬家了。
小　吴：你搬去了哪儿？
林有朋：我搬去了公园路中心的一个公寓。
小　吴：新家怎么样？
林有朋：房子不大不小。有两个卧室，一个客厅。
小　吴：你们家有阳台吗？
林有朋：没有。但是我们的窗户很大。可以看见公寓外边的大花园。

参考答案

1 上个星期
2 公园路中心的一个公寓
3 不大不小，有两个卧室，一个客厅
4 没有
5 公寓的外边

八　阅读（三）

参考答案

1 是　2 非　3 非　4 是

九　说话（二）

教学建议

进行这一个说话活动前，学生应该对阅读（三）的内容有较好的理解。老师也可以情景对话里的问题当作阅读理解的问题，让学生先找到问题答案后再做口语练习。

参考答案

A1：我上个星期搬家的。
A2：我家住在公园路中心的一个公寓里。
A3：我家住 26 楼。
A4：我家有两个卧室，一个客厅，一个厨房，一个厕所，一个洗澡间。

十　写作（二）

教学建议

共两个活动。第一部分继续之前的"偏旁部首"学习。第二部分则是完整的写作练习。

参考答案

一、

1 短矮　2 烧　3 轻　4 双　5 房
6 和　7 胖

二、

亲爱的陈影：

你好吗？上个星期我搬家了。我有了自己的卧室。我很开心！

我的卧室不大不小，四四方方，干干净净。一进门，左边是一张单人床，右边是一张书桌。单人床的前边是一个大衣柜。大衣柜和书桌的中间是书架。书架上有很多书和光盘。书桌上有一台电脑，一个台灯和一张我的照片。我喜欢在书桌前看书和做作业。我常常在我的卧室里玩电脑。因为书桌前面是一个大窗户，窗户外边有一个大花园，所以有时候，我也喜欢一边看窗户外面，一边听音乐。

我很喜欢我的卧室。因为这是我自己的小天地。

你有自己的房间吗？期待你的回信。

祝

好！

林一冰

练习册答案

练习一、

1 C　2 D　3 A　4 D　5 D

练习二、

1 卧室里 in the bedroom
2 门外（边／面）outside the door
3 电视旁边 next to the TV
4 衣柜里 in the wardrobe
5 床下 under the bed
6 床在门的旁边。The bed is next to the door.
7 椅子在桌子（的）下（面／边）。The chair is under the table.
8 电视在客厅里。The TV is in the living room.

9 厕所在厨房旁边。The bathroom is next to the kitchen.

10 洗衣机在冰箱的右边。 The washing machine is to the right of the fridge.

练习三、

1 看看电视　2 看看书　3 散散步
4 跳跳舞　5 唱唱歌　6 种种花

练习四、

1 客厅里有一张桌子和四张椅子。
2 我的桌子上有一台电脑。
3 我的房子里有两个阳台。
4 公寓里没有家具。
5 冰箱在厨房里（边／面）。
6 我的书在书架上（边／面）。
7 饭厅在客厅的旁边。
8 狗在我书桌下（边／面）。
9 沙发在电视的对面。
10 电脑在书房（的）里（面／边）。

练习五、

1 F　2 B　3 A　4 D
5 C　6 G　7 H　8 E

练习六、

1 D　2 B　3 D　4 B　5 B

练习七、

（一）

1 张　2 个　3 台　4 朵

（二）

1 我家客厅不大不小，四四方方。
2 爸爸喜欢在沙发上看报纸。
3 电视在沙发的前面。
4 我喜欢听音乐。
5 花在桌子上。

练习八、

这是我家的客厅。我家的客厅不大不小，四四方方，干干净净。客厅里有一张沙发、一台大电视和一张大桌子。桌子上有一张照片。电视前面有一张大沙发。电视旁边有一个书架。妈妈在沙发上看报纸。爸爸在桌子前边看书。

个人与社会
B Personal and social life

衣服
8 Clothes

学习目标

本单元，你会：

- 描述一个人的外貌和穿着
- 明白表示“钱”的单位
- 听关于在服装店购物的对话
- 讨论校服

你还会学到：

- 疑问词：什么样的
- 量词：件、条、套、对、双
- “穿”和“戴”的分别
- 用“的”名词化短语

单元介绍

这一单元是跟“衣服”有关的。学生会学习到和“颜色”和“服装”有关的词语，并学会运用这些词语描述一个人的外貌和穿着。本单元的难点在于“穿”和“戴”的区别。课本中的解释及例句也比较多，老师可以跟学生一起看，然后用练习册来巩固学生的语法知识。

和前面一些单元一样，本单元还会继续介绍一些量词的使用。本单元的量词和话题“衣服”相关。学生可以通过一系列的练习理解这些量词的使用方法。

除此以外，本单元还将引入“货币单位”，以及一些服装店的购物对话，除学习、巩固本单元生词以外，也为下一单元“购物”的学习做准备。

一　温故知新

教学建议

这个部分一共有四个活动。第一个活动的主要目的是学习颜色。通过认识国旗分辨颜色，学生还可以复习“国家”的词语，达到温故知新的效果。

活动二和活动三的主要目的是学习“衣服”的词语，以及学会怎样描述衣服的颜色。这两个活动可以结合在一起进行。老师可以让学生自己先学习词语表里的词语，并将词语代入图片中，先口头练习“他／她穿什么衣服？”、“张红穿白色的短袖衬衫。”等等。之后老师再通过“语法”介绍“穿”和“戴”的区别以及“的”的用法，最后让学生完成活动三中的填表题完成句子。

活动四是量词填空。老师可以先和学生一起阅读“语法”中的量词的使用介绍，再完成填空练习。其中，需要特别强调的是，“双”和“对”这两个量词都可以译为 pair，但“双”强调的是“共同完成”(functioning together)，而“对”强调的是“互补性”(complementarity)。为帮助学生认知理解，老师也可以进一步举例，双胞胎 twins 是两个人，他们可以各自做各自喜欢做的事情，不需要 functioning together，但只有在说他们两个人的时候，才会用上“双胞胎”这个词，所以量词是“对”。

因材施教

延伸活动里的翻译练习，旨在提高学生对于“穿”和“戴”区别以及“的”的用法的理解。老师可以根据学生的学习能力以及学习情况，鼓励学生完成翻译练习。

参考答案

一、

1 德国／红色、黑色和黄色
2 印度／绿色、白色、蓝色和橙色
3 英国／白色、红色和蓝色
4 法国／红色、蓝色和白色

二、

口语题，学生能说出和图片内容对应的词语即可。

三、

1 穿 短袖衬衫　2 穿 黑色的短裤
3 穿 黑色的　4 戴 蓝色的

延伸活动、

1 她穿着白色的运动鞋和黑色的袜子。
2 我弟弟戴着红色的围巾。
3 我妈妈喜欢穿牛仔裤。
4 我不喜欢戴领带。
5 我学校校服是白色的衬衫，蓝色的裤子和黑色的鞋子。

四、

1 件 2 件 3 条 4 双 5 套 6 条 7 顶

练习册

练习二提供了量词填空的练习，方便学生巩固知识。

练习三的改错题帮助学生进一步认知“穿”和“戴”的分别。由于本单元还介绍了一个“戴”的同音词“带”，在练习三中也会出现，帮助学生巩固学习。

二 阅读（一）

参考答案

1 A 十五岁　B 八月九日　C 美国人
D 金色　E 很高　F 打篮球
G 白色的衬衣、蓝色的牛仔裤和黑色的运动鞋

2 A 五十六岁　B 十一月三十日　C 中国人
D 灰白色　E 不胖不瘦　F 画画儿和听音乐
G 红色的上衣和黑色的裙子

3 A 二十一岁　B 六月二日　C 印度人
D 黑色　E 又高又瘦　F 唱歌和跳舞
G 穿西装、戴领带

三 写作（一）

教学建议

这一部分的写作，有两个活动。第一个活动，是信息填表题。内容模拟真实生活中的个人信息表。要求学生看懂题目，并填入个人信息。

第二个活动是要写一段话介绍自己。在题目后提供了“好词好句”，供学生参考使用。

因材施教

根据实际教学情况，老师也可以将写作（一）中的第二个活动改成介绍一个朋友。

四 说话（一）

教学建议

这是一个说话游戏。要求学生三到五人一组，每一个人头上都戴着一张有人名的卡片。每一个人轮流问问题，被提问者只可以回答“对”或者“不对”。直到猜出“我是谁”。

关于使用的“人名”，可以使用班上同学的名字，也可以使用本单元阅读（一）中人物的名字，也可以使用一些大家都知道的名人的名字。只要方便学生提问，回答就可以。

游戏开始前，老师可以和学生一起复习一些“吗”问句。例如：

我是男生吗？

我穿红色的裙子吗？

我戴眼镜吗？

五 听力（一）

教学建议

这是一个听录音填空题。听力开始前，老师可以和学生一起阅读文本，也可以先将本题附带的语法点和文化知识帮学生梳理一遍。当学生掌握了“打折”的用法，以及对中文中“货币”表达法有一定了解后，完成本题并不困难。

听力录音 CD01, Track 27

林小路：请问，这件上衣打折吗？现在多少钱？
售货员：原价七百块，现在打八折，五百六十块。
林小路：我可以试试吗？
售货员：可以。你穿几号？
林小路：我穿 12 号。
……
售货员：怎么样？
林小路：还不错。但是我不喜欢这个颜色。
售货员：这件上衣有白色、红色、黄色和银灰色。你要什么颜色的？
林小路：我要黄色的。给你六百块。
售货员：找你四十块。
林小路：谢谢。
售货员：不客气。

参考答案

1 上衣　2 五百六十　3 十二
4 白色　5 黄色

语法、

1 A　2 B　3 D　4 C

练习册

练习五中提供了关于“打折”的运用练习，方便学生巩固掌握。

六 说话（二）

教学建议

该活动与听力（一）联系。学生做完听力练习后，老师可以安排两人一组，进行角色扮演。

因材施教

“延伸学习”中，要求学生将对话改编成一个“买鞋”的情景。老师可以根据实际教学情况，将活动进行改编设计。在这里，作者提供一个“买鞋”对话的例子，供教学时参考。

A–小明 B–售货员
A: 请问，这双运动鞋打折吗，现在多少钱？
B: 原价两千块，现在打九折，一千八百块。
A: 我可以试试这双鞋吗？
B: 可以，你穿几号？
A: 我穿 38 号。
B: 这双鞋是 38 号。请试试。
A: 我不喜欢这个颜色。
B: 这双鞋有蓝色、白色和黑色的。
A: 我要白色的。给你两千块。
B: 找你两百块。
A: 谢谢你。
B: 不客气。

七 阅读（二）

教学建议

本题以“在线论坛”的形式，讨论各国学生对于自己的校服的看法。同时也帮助学生运用疑问词“什么样”。除了回答问题，文本本身也可以作为学生写作、口语表达的范文。因此建议老师帮助学生精读这个文本。

参考答案

1 A　2 B　3 A　4 A　5 C

八　听力（二）

听力录音 CD01, Track 29

记者：你叫什么名字？
陈红：我叫陈红。
记者：你今年多大？
陈红：我十六岁。
记者：你每天几点上学？
陈红：我每天六点半起床，七点十五分上学。
记者：你们学校有校服吗？
陈红：我们学校有校服。但是我们不要天天穿校服上学。
记者：你们什么时候要穿校服？
陈红：星期一和星期三。
记者：你们的校服是什么样的？
陈红：女生穿白色的上衣和深蓝色的裙子。男生穿蓝色的衬衫和黑色的裤子。
记者：你喜欢你们的校服吗？
陈红：不喜欢，我觉得太传统，很老土。
记者：不穿校服的时候，你常常穿什么衣服？
陈红：因为我喜欢运动，所以我经常穿衬衣、牛仔裤和运动鞋。

参考答案

1 十六岁　2 七点十五分
3 星期一和星期三　4 太传统，很老土
5 衬衣、牛仔裤和运动鞋

九　写作（二）

教学建议

共两个活动。第一部分继续之前的“偏旁部首”学习。第二部分则是一个提供结构的作文练习。

参考答案

一、

1 问　2 衬裤　3 红绿　4 贵　5 张
6 玩　7 常

二、

我的学校在香港。在我们的学校，男生穿蓝色的长裤，白色的短袖衬衫，戴蓝色的领带。女生穿白色的短袖衬衫，蓝色的短裙，戴蓝色的领带。我们每天穿校服。我很喜欢穿校服。因为我觉得我们的校服很传统。不穿校服时，我喜欢穿汗衫，牛仔裤和运动鞋。

练习册答案

练习一、

1 白色的衬衫　2 蓝色的牛仔裤
3 咖啡色的帽子　4 黑色的袜子
5 橙色的短裤　6 红色的裙子
7 黄色的领带　8 灰色的鞋子
9 蓝色的毛衣　10 金色的头发

练习二、

1 E　2 C　3 A　4 B　5 D

练习三、

2 穿 → 戴　3 戴 → 穿　4 件 → 条
5 条 → 双　6 条 → 件　7 钱 → 块／元
8 穿 → 戴　9 卖 → 买　10 戴 → 带

练习四、

1 A　2 D　3 C　4 E　5 B

练习五、

1 李冰　2 吴大朋　3 陈红　4 打五折
5 打九折　6 打八折　7 一百五十块
8 九百块　9 四百五十块　10 一百块

练习六、

1 你喜欢什么颜色？
2 你喜欢长裙还是短裙？
3 可以试试吗？
4 多少钱？
5 可以打折吗？ or 可以便宜一点吗？

练习七、

2 H **3** A **4** B **5** E **6** D
7 F **8** C

练习八、

1 七十五块 **2** 五百六十块

练习九、

1 他穿蓝色的衬衫，黑色的短裤和一双白色的运动鞋。
2 售货员说这件红色的大衣打八折。
3 我妈妈想买一条黄色的裙子，但是太贵了。
4 他有蓝色的眼睛和金色的头发。
5 你学校的校服是什么样的？

个人与社会
B Personal and social life

买东西
9 Shopping

学习目标

本单元，你会：

- 听得懂关于购物的对话
- 阅读关于商店的介绍
- 谈论购物经历
- 写一写你对网上购物的看法

你还会学到：

- 量词：支、把、面
- 动词后加“在”、“到”
- 长度和重量单位

单元介绍

这一单元是跟“买东西”有关的。本单元内容较为贴近学生的实际生活，除了传统购物，一些文章还涉及到网上购物。学生将会听到跟“购物”相关的对话，同时学习到基本的“购物用语”，还可以发表一些对网上购物的看法。

语言点方面，本单元还会继续介绍一系列量词的使用。此外，动词后加“在”、“到”这种短语形式也会在本单元体现。

另外，本单元也会介绍一些常用的长度和重量单位，既可以作为文化知识，也可以作为补充词汇量的重要资料。

一 温故知新

教学建议

这个部分一共有三个活动。活动一主要是学习、运用生词。建议老师先和学生一起读词汇表里的词，以及题目中四个表示“购物地点”的词语，然后再展开口语讨论。除了讨论“你去这些地方买什么？”以外还可以讨论“你喜欢去哪儿买东西？”，“你常常去哪儿买东西？”，“你爸爸常常去哪儿买东西？”等等。主要目的是鼓励学生多说句子。之后，可以让学生仿照例句，写几个句子，目的是操练“在……买……”的句型。

活动二是翻译题，目的是引出两个加在动词后的介词(post-verbs)“在”和“到”引导的句型。老师可以先向学生讲解一下这两个句型结构，然后再和学生一起完成翻译练习。

活动三是量词填空。老师可以先和学生一起阅读“语法”中的量词的使用介绍，再完成填空练习。

因材施教

对于 Verb + 在 和 Verb + 到 句型，学生可能会提出下面这些疑问，这里提供一些解答，供老师在教学时参考使用。

问 1 ：为什么“我住在中国”不需要加上方位词（localiser）？

解答： 地点专有名词，例如国家、省份，不加方位词。

问 2 ：为什么 subject 可以是“我”（doer），也可以是“照片”（doee）？

解答： 实际上，如果去掉动词“住”和“挂”，即“我在中国”，“照片在墙上”，这两个句子都是对的。而加上动词，只是为了强调这个动作。例如，照片是被“挂”（being hung）上去的，而不是“贴”（being pasted）上去的。所以，判断句子正确与否，只需要将动词去掉，如果去掉动词后的句子是正确的，那么这个句子就是正确。

问 3 ：什么时候加“到”，什么时候不加“到”呢？

解答：“到”实际上是一个表示结果的后缀词 (suffix indicating result). 我们学过的很多动词其实都是只强调动作不强调结果的行动动词 (open-ended action verb)，例如买 (to shop)，找 (to look for)，所以要强调 buy and get, find 等意思，必须在行动动词“买”、“找”后加“到”。当然，之后我们还会学到其他一些表示结果的后缀词，例如“完”，“见”，“会”，“住”等等。

练习册

练习三提供了量词填空的练习，方便学生巩固知识。

文化

这一部分主要介绍中国的“文房四宝”。老师可以参考以下的拼音及翻译在教学中灵活运用。

文本拼音及翻译：

wénfáng sì bǎo
文房四宝

máo bǐ　mòshuǐ　xuān zhǐ　yàn tái shì zhōngguórén shūfáng lǐ cháng yòng de
毛笔、墨水、宣纸、砚台是中国人书房里常用的
wén jù　rénmen chángcháng bǎ zhè sì zhǒng wén jù jiàozuò　wénfáng sì bǎo
文具。人们常常把这四种文具叫做“文房四宝”。
rénmen yòng　wénfáng sì bǎo　xiě shū fǎ hé huà guóhuà
人们用“文房四宝”写书法和画国画。

Brush, ink, rice paper and ink stone are common stationery items found in a Chinese study. People usually call them the ‘four treasures of the study’. People use them for calligraphy and Chinese paintings.

参考答案

二、

1 I live near the market.
2 Please write in the notebook.
3 The photo is hung on the wall.
4 We came to Beijing.
5 In the department store, you can buy and get all sorts of things.

三、

1 副　2 面　3 把　4 把　5 支

文化、

1 B　2 A　3 C　4 D

二 阅读（一）

教学建议

这个文本是三个生活在不同地区的人介绍自己在不同地方的购物经历。题目的设计是要训练学生对疑问词的敏感度，以及在文中捕捉信息的能力。

由于文中涉及一些长度及重量的计量单位，文本后附有“文化”介绍，老师可以和学生一起学习。

参考答案

1 北京
2 买了一斤白菜，一公斤大米和两斤苹果。一共花了50元。
3 买了一把牙刷、一个牙膏和一块香皂
4 逛街和画画儿。
5 市中心的百货公司五楼的文具店。

三 写作（一）

参考答案

（范文）：

我是英国人。现在我住在中国。我喜欢去超市买东西。因为我觉得很方便。在那里，我可以买到各种各样的东西。昨天，我去那儿买了一本书、一本杂志和一支钢笔。一共花了一百元。

因材施教

对于程度较好的学生，不必拘泥于所提供的结构，老师可以鼓励学生发挥创意，拓展自己的能力，用上不同的时间词表示时态。也可参考“好词好句”，让句子显得更加有深度。

四 听力（一）

教学建议

这是一个听录音填空题。共有两个活动。第一个活动是填图题，第二个是填空题。听力开始前，老师可以和学生一起阅读题目，也可以先将本题附带的语法点和文化知识帮学生梳理一遍。

听力结束后，学生可以读出活动二的句子，从而训练口语表达能力。

听力录音 CD01, Track 31

万新百货公司昨天开业啦！在这里，你可以买到各种各样的商品。一楼是服装店。在这里，你可以买到男装、女装、童装、毛巾等等。二楼是鞋店。在这里你都可以买到各种名牌运动鞋、皮鞋。三楼是书店和文具店。在这里，你可以买到书、杂志、书包、橡皮、尺子等等。四楼有银行，方便您取钱。银行旁边也有三个饭店和一个超市。

万新百货的营业时间是每天早上十点半到晚上十点半。地址：上三路十八号

欢迎您来逛街！

参考答案

一、

1 服装店	2 鞋店	3 书店	4 文具店
5 银行	6 饭店	7 超市	8 10:30
9 10:30	10 十八		

二、

1 男装	2 书	3 书包
4 尺子	5 银行	6 饭店

五 说话（一）

教学建议

有两个情景对话，第一个是和朋友讨论，第二个是在商场和售货员的对话。老师可以根据实际情况，将两个情景对话整合成一个，完成一个“两幕小短剧”。

六 阅读（二）

教学建议

本题模拟真实的“网上购物”情景。设置了三个活动。主要培养学生捕捉信息的能力。完成本题后，老师也可以和学生上网进行实地情景教学，真实地体验一次“网购”的经历。

参考答案

一、

1 C　2 A　3 C　4 A

二、

1 是　2 非　3 是　4 非　5 非

三、

1 A　2 D　3 C　4 D　5 A

七　听力（二）

教学建议

这是一个对话重组练习。学生听录音，然后将对话重组。播放录音前，可以让学生先读一读选项中的句子，也可以先自行推测一下顺序。

听力录音 CD01, Track 32

小美：你好，这里是红苹果电器店服务台。
李平：我想买你们的手机。
小美：你喜欢什么牌的？
李平：我喜欢天想手机。请问，怎么付款。
小美：好的。你可以用现金付款，也可以用信用卡付款。
李平：什么时候送货？
小美：下个星期三送货。
李平：可以给我收据吗？
小美：可以。

参考答案

1 B　2 H　3 C　4 I　5 A
6 J　7 E

八　写作（二）

教学建议

主要培养学生用中文表达自己看法的能力。学生可以参考题目中的三个人的看法，谈谈自己的观点。老师也可以根据学生能力，提供一些词汇让学生使用。例如：“我认为”，“依我看”等等。

练习册答案

练习一、

1 C　2 B　3 C　4 A　5 A

练习二、

1 帽子，裙子，运动鞋
2 中文书，杂志
3 刀，牙膏，香皂
4 电视，电子游戏机，手机

练习三、

1 支　2 块　3 把　4 条　5 件
6 双　7 副　8 斤　9 斤　10 面

练习四、

2 A　3 C　4 B　5 B

练习五、

1 牙刷和镜子　2 王文　3 25 元
4 6／六块　5 195 元

练习六、

1 一面　2 120 元　3 六块　4 75 元
5 三件　6 花了 80 元／块　7 两把

练习七、

1 网上　2 三百二十块
3 一件衣服　4 网上
5 两百块　6 一双鞋
7 市中心的百货公司　8 一千块

练习八、

1 我不常在网上购物。
2 我没有现金。我用信用卡付钱。
3 昨天我在百货公司买了一个手机。
4 那个手机非常贵，我花了两千块钱。
5 我的朋友上网买了一个手机，花了一千五百块。

个人与社会
B Personal and social life

居住环境
10 Living environment

学习目标

本单元你会：

- 阅读和听到关于居住环境的描述
- 用中文指路、问路
- 写一写你的居住环境

你还会学到：

- 方位词（2）：东方、北边
- 介词（1）：在、从、到
- 趋向动词：来、去
- 句型：……离……+形容词

单元介绍

这一单元是跟“居住环境”有关的。学生会先重温方位词，比如东、南、西、北等等。本单元的阅读练习会巩固学生描述方位的能力。其他练习会带出小区的设施、小区位于的位置，如郊区、市中心的好处和坏处等等。最后一个阅读练习比较实用，是一个问路、指路的活动。

除了方位词以外，这一单元的语法点包括“在、从、到、来、去”。课本中的解释、例句也比较多，可以跟学生一起看，然后用练习册来巩固学生的语法知识。“……离…… + 形容词”是这个学习阶段的学生很难掌握的一个句型，老师需要多用时间来跟学生做练习。

一　温故知新

教学建议

温故知新的第一个活动比较简单，目的是帮助学生复习以前所学。学生应该对于“东、南、西、北”这四个字不太陌生。一般学生都会用英文的概念来写“西北”还有“东南”，老师应在这儿多指导。第二个活动与第九课有相关之处，活动在于训练学生对方位描述的掌握，但同时帮助他们复习第九课跟商店／买东西有关的词语。

语法

方、边

虽然两个词可以互换，但是两者有不一样的地方。比如“西方世界”指的是欧美世界，不能写“西边世界”。学生对于“中间”这个词的掌握一般都不太好，老师应多指导。

文化

除了书上的资料，老师也可跟学生分享这几点。有趣的是，中国人一般以“东”开头，与在英文中 North 开头很不一样。另一方面，“东”在中文中有很多含义（connotation），比如“日出东升”、“太阳从东方升起”。“东洋”指的是“日本”，“东方”泛指亚洲。“西”有“西天”、《西游记》“取西经”等等。这些都可以跟学生分享。

语法

在、从、到

对学生来说，这个语法点不太难，因为英文也有相似的说法，老师也可以以英语的知识给学生讲解语法，比如“在”是 in/at 的意思，“从……到”是 from...to 的意思。另一个小贴士是很多时候有“从”的话，一般都有“到”，老师可以跟学生一起看课本中的例子。

参考答案

二、

1 四、时装店
2 二、文具店
3 一、西餐厅
4 毛笔、钢笔、橡皮、圆珠笔、尺子 (any possible answers, refer to Chapter 9 Shopping)
5 时装店
6 日常用品店

语法（在、从、到）、

1 It takes more than 2 hours from Shanghai to Beijing by plane.
2 You can buy hamburgers and coffee in a snack bar.
3 We can take a bus from your place to the restaurant.

二 阅读（一）

教学建议

这一个阅读活动以简单的地图形式帮助学生熟悉对方位的描述。同时，老师可以通过这个活动带出新的词语，这一活动的词语基本上都是跟“设施”有关的。在备课的时候，老师不妨先做“温故知新”“指南针”的活动，然后进入这个活动，进一步让学生更熟悉方位的知识。

因材施教

这一活动的练习题都是是／非题，对于能力比较高的学生，老师不妨多加挑战，请他们以中文来解释是／非的原因。对于比较弱的学生，老师可以请他们读句子，然后说“是”或者“非”。

文化

老师可以跟学生分享，广场舞是一个比较新的现象。在中国，很多中老年人自发组织在广场聚集跳集体舞，他们跳舞的目的还是以娱乐身心为主。广场舞是近几年才流行起来的，有人认为它是中国“都市人的健身舞”。

老师可以在网上播放一些广场舞的视频，让学生看看这个在中国新兴的“爱好”。在百度搜索的话，可以找到很多很有趣的视频。

补充词语

虽然“小区”这个词不在学习大纲当中，但是它是一个很有用的词，老师应在课堂中介绍这个补充词语。

参考答案

1 非　2 是　3 非　4 是　5 是　6 非
7 是　8 非

三　听力

教学建议

这个活动旨在巩固学生对于介词"在"和各个方位词的认识。老师可以先与学生重温这两个语言点，然后放录音。

因材施教

对于比较弱的学生，老师可以放录音三次。第一次不让学生写东西，让他们先大概掌握录音的内容，第二次放的时候可以让他们写答案。然后在跟学生对答案的时候，如果学生还是不太清楚录音内容的话，老师可以放第三次，并做一些解释。

听力录音 CD01, Track 33

例：

M:"邮局在图书馆的东边。"

Narrator: 所以 I 在 A 的东边。

M: 一、图书馆的北边是游乐场，我的小朋友很喜欢到那儿玩儿。

二、邮局的南边是停车场。

三、图书馆的西边是警察局。

四、警察局的西北方是诊所。

五、诊所东边是电影院，我爸爸很喜欢从图书馆去电影院看电影。

参考答案

B	E	H	
	D	A 图书馆	I
			G

四　阅读（二）

教学建议

这一阅读活动模拟现实中地产代理的传单。这一份传单运用了大纲中不少的词语来写作。教学时可以视乎情况，把练习以"任务型教学法"作改编。

前任务：可以以口头提问的方式，让学生在文章中找出跟"设施"有关的词语。也可以让学生把小区的优点找出来。目的是先理清词语的意思。

主任务：可以先跟学生朗读课文，然后以小组的方式画地图，以学生协作的方式让学生理清范文的意思。

白城小区				
北				
西		停车场	邮局	东
	室外游泳池	**俱乐部**	汽车站	
	网球场	足球场		
南				

后任务：运用活动的是非题（适合／不适合），再让学生阅读文章，最后做一个讨论，让学生说一说王先生应不应该住在这个小区。

王先生觉得这个小区好吗？为什么？

王先生觉得这个小区很好，因为：

1　白城小区的空气好；
2　那儿有一个停车场；
3　购物的地方离白城小区不远；
4　小区附近没有工厂。

补充词语

文章有三个很好用的词语，"设施齐全"、"空气清新"、"花草树木"，老师应鼓励学生在作文中运用这三个词语。

因材施教

最后一个活动如果以口头讨论的方式进行的话比较有挑战性，建议只跟能力比较好的学生做。对于能力一般的学生，其实可以重复 1–5 的句子。

句型

学生对于这个句型的掌握一般都不好，老师应多加指导，并让学生多做练习。老师应把句型写在白板／黑板上，然后让学生多造句。形容词不外乎“远”或“近”，所以不太难。

老师可以用以下活动来巩固学生对这个句型的掌握：

Translate the following sentences into English:

1 停车场离我家很近。
2 体育场离我家很远。
3 我从电影院来，那儿离游乐场不远。

Translate the following sentences into Chinese:

4 The park is not far from my home.
5 The library is far from the car park.
6 The hospital is close to the department store.

参考答案：

1 The car park is close to my home.
2 The stadium is far from my home.
3 I come from the cinema. It is not far from the playground.
4 公园离我家不远。
5 图书馆离停车场很远。
6 医院离百货公司很近。

练习册

练习册中的“练习三”提供“……离……+adj”的练习，老师应让学生课后在家里做练习。

参考答案

1 适合	2 适合	3 适合
4 不适合	5 适合	

五 阅读（三）

教学建议

这两篇短文都是以“微博”的形式来写的。短文比较了“郊区”和“市中心”的好处、坏处，老师安排教学时，应注意这一点。另一方面，老师应提醒学生，两篇都用了过去和现在的时间词，比如“以前”、“上个星期”等等。

文化

“微博”在中国非常受欢迎，在中国以外的地方，很多人多会选用 Twitter，两者基本上有着同样的功能。老师不妨在网上选择一些名人的微博，然后跟学生一起看。有些微博比较简单，而且最多只有 140 个字，如果学生觉得能看得懂的话，对于他们来说会很鼓舞的。

语法

来、去

“来”和“去”对学生来说一般不难去理解，老师应指出用“来”／“去”以说话人所在的位置为中心，如果人或者事物向着说话人的方向移动，就是“来”，反过来说就是“去”。

课本先解释“来”和“去”的字面意思，其实在这时，老师已经可以跳到第二点，指出“it is important to consider the position of the speaker”。

个人经验觉得最有效的是看例子，做练习。课本中有不少例子，并附有英文解释。同时可以参考练习册上的练习六。

练习册

练习六提供“来”和“去”的填空练习，可以让学生在家里做一做。

参考答案

一、

1 村子	2 海边	3 居民
4 风景	5 邻居	6 里边

二、

1 三个星期　　2 乡下
3 很不一样　　4 村子里
5 清新　　6 在海边
7 很友好　　8 居民都觉得绿色的地方不多

六　说话

教学建议

这个活动的目的，在于训练学生口语考试中第三部分——交流问题（General Questions）。活动一开始要求学生先再看阅读（三）的范文，运用范文的词语来问答问题。有词语、句型基础，事半功倍。

七　写作

参考答案

亲爱的陈友：

很久没见，你好吗？村里怎么样？我很想你们。

我现在住在上海的市中心，在一个西餐厅当服务员。市中心设施齐全，我住的地方附近有很多设施。附近有一个离我家不远的商场，里边有电影院和时装店。我常常跟朋友到那儿看电影和买东西。但是市中心绿色的地方不多，空气也不太好，我常常咳嗽。

郊区空气清新，有很多花草树木，环境很美。我们村子附近有一片树林，是市中心没有的。但是郊区的设施不多，有一次我生病了，要去医院，医院离家很远。

我自己很喜欢住在郊区，因为我觉得身体健康很重要，市中心的空气太差。

你什么时候到上海来找我呢？请给我回信。

祝

好！

小天上
十月十三日

八　阅读（四）

教学建议

把问路、指路放在这一课中是有考虑的。学生学会了小区的环境描述后，面对有人以中文问路，也应该可以以中文指路。课本先以图像教授学生“往右拐”、“向左拐”、“红绿灯”、“十字路口”等词语，然后以活动二的对话带出“问路”和“指路”的句型。

老师可以请学生两人一组，把“问路”和“指路”的句型找出来。比如：

问路：“你家离汽车站有多远？”，“从汽车站到你家怎么走？”

指路：“我家离汽车站很近。”，“先过马路，再向左拐，顺着马路一直走。”

因材施教

虽然课文附有一个练习，但是最有效的教学法，肯定是以学生的社区作为例子。老师可以简化社区的地图，让学生做指路、问路。

参考答案

二、C

延伸活动、

1 从诊所出去后，往南走，过马路，看见停车场后一直走，到了路口后往左拐，过马路后一直往前走，到了第二个路口就看见体育场。
2 从电影院出来后往左拐，过马路，往前走，再过马路就看见汽车站。
3 从文具店出来后，往西走，过马路后一直往前走，到了第三个路口往左拐，一直往前走，就看见停车场了。
4 从 C 出来后，往左拐，过马路，一直往前走，到了第三个路口后往东走，一直往前走，看见十字路口，游泳池就在你的对面。

练习册答案

练习一、

1 西（xī） 2 南（nán） 3 东（dōng） 4 东南（dōngnán）
5 西北（xī běi） 6 北（běi） 7 西南风（xī nánfēng） 8 方向（fāngxiàng）

练习二、

1 迷路 2 西方 3 设施
4 诊所 5 风景 6 里边

练习三、

2 电影院离停车场很远。
3 警察局离村子不远。
4 医院离郊区有多远？
5 工厂离邮局很近。
6 游泳池离体育场不近。

练习四、

1 在 2 从、到 3 从 4 在
5 从、到、在 6 到

练习五、

1 这里有没有电影院？
2 商城离这儿有多远？
3 图书馆的东边是什么？
4 你喜欢在公园做什么？
5 警察局的北边是什么？
6 从汽车站到电影院怎么走？
7 要过马路吗？
8 要过多少个十字路口？
9 要走多久？
10 谢谢！／麻烦你了。

练习六、

1 去 2 去 3 去 4 来 5 来 6 来
7 去 8 去

练习七、

（一）

2 医务所 3 图书馆
4 游泳池 5 警察局
6 停车场 10 游乐场

（二）

1 非 2 是 3 是 4 非 5 是

练习八、

小王：

你好！我是你的笔友小田。我家住在郊区，附近有树林，空气很清新。我喜欢我的小区，因为人很少，环境很舒服。我家以前住在市中心，市中心设施齐全，好玩儿的地方也多。市中心有各种各样的商店，也有电影院、时装店，生活很方便。郊区很远。你家也住在市中心吗？请给我回信。

小田上

个人与社会
B Personal and social life

学校生活
11 School routine

学习目标

本单元你会：

- 说一说学校有什么科目
- 回答你喜欢、不喜欢什么科目
- 阅读一封跟选课有关的信
- 描述你上学的每一天

你还会学到：

- 量词：些、门、节
- 语序：跟 + 谁
- 疑问词：为什么
- 句型：因为……所以……
- 怎么用“一点儿”

单元介绍

这一课的内容是与“学科”有关的。学生除了会学到跟科目有关的词语之外，还会学到怎么表达对他们所读的科目的意见。除了这两点之外，他们还会学到怎么解释自己选课的原因。语言方面，学生要知道量词的用法，同时间也会学用“因为……所以……”表达原因。这一课还会介绍中国的教育制度，让学生更了解中国。

一　温故知新

教学建议

这是一个引入活动，主要是帮助学生复习以前学过的词语。词语主要以科目的名字为主，但是“科目”这两个字本身也需要在课上教授。词语可以做分类，在“小贴士”这个地方，我们特意提到要把词语分类，比如分为“语言”、“科学”等等。老师不妨把它当作一个引入游戏，用“思维导图”(mind map）的方式来引导学生学习。老师同时可以直接带出句型，直接运用科目的词语造句，帮助学生记忆。

练习册

练习册的第一个练习就是让学生把不同的科目进行分类。老师可以通过这个练习巩固学生的记忆。

因材施教

对于能力已经很好的学生，老师可以把活动变成“猜科目”。比如学生可以用简单的中文来描述科目的特点，然后让同学来猜。同样地，对于能力差的学生，老师可以让他们索性用思维导图做分类。同时要学生用图画来做联想，这样对学习有事半功倍之效。

二 听力（一）

听力录音 CD01, Track 36

小青：我喜欢弹琴，我选了音乐。
小天：我常常踢足球，我选了体育。
王红：我最喜欢欧洲的历史，历史课是我最喜欢的。
小王：我选了美术，每天可以画画儿。
小刘：我喜欢地图，地理课很好玩儿。
小马：我爸爸是法国人，所以要我学习法语。
小乐：我想做医生，所以要学习科学。
小中：我喜欢数学，所以选择了这一科。

听力录音 CD01, Track 37

小张今天上五节课。他先上中文课，再上英语课。休息之后是第三节课，他有地理。午饭前有历史。午饭后第五节是体育。

因材施教

对于比较弱的学生，老师可以让他们直接去听关键词，直接听“我选了音乐”、“我选了体育”。

“休息”、“午饭”这两个词语可能对某些学生来说比较困难，老师应根据学生的程度做解释、介绍。学生也应学过“前”、“后”这两个介词，“午饭前”是“before lunch time”，“午饭后”是“after lunch time”。

参考答案

一、

1 A　2 H　3 D　4 C　5 F　6 G
7 E　8 B

二、

1 A　2 G　3 E　4 C　5 D

三 说话（一）

教学建议

这两个活动都比较简单，主要是“温故知新”的延伸。学生必须掌握三个问题，第一是“你学哪门课”，第二是“你喜欢哪门课”，第三是“你不喜欢哪门课”。答案都有句型帮助，学生按句型回答便可。每一个学校都可能有一些自己独有的科目，老师可因应情况来做翻译，并可以参考各地（如中国内地、台湾、香港等地）的翻译，没有特定的答案。

语法

老师可结合前一个活动，介绍量词“节”。“第一节课”的意思是“first period”，不可以说成“第一课”。

四 阅读（一）

教学建议

老师应继续帮助学生熟悉书信的格式，毕竟书信是一种日常生活中很常见的文体。第一件要了解的事情是“谁”给“谁”写信。活动的安排可以如下：

1 先让学生以“速读”的方式过一遍文章，然后口头回答问题。老师可以问一下学生谁是“写信的人”、谁是“收件人”，也可以问一下学生主角学习什么科目。所以即使对于一些比较弱的学生，这也不是一个很难的任务。
2 老师可以播放课文录音，然后学生可以两人一组，或者以小组的形式来回答问题。
3 老师重提量词“门”。文中解释了很多选课或者不选课的原因，学生先把文中的例句找出来，然后老师再解释，但最重要的还是给学生自己造句的机会。

老师应重点带出"因为"这个句型。比如喜欢一门课，原因在哪儿？因为有意思？因为容易？学生可以用课本的词语造句。

参考答案

1 a 搬到一个新的小区
  b 到了一个新的学校上课
2 打乒乓球和踢足球
3 九门课
4 汉语、日语和法语
5 因为它很有用
6 日语和法语
7 a 上课时可以演戏
  b 老师上课常常开玩笑
8 因为要常常看书
9 可以提升语文水平
10 北京国际学校

五 阅读（二）

教学建议

这一篇文章不但包括学生对不同科目的意见，还写出了上学的每一天是怎么样的。老师必须向学生指出这两点。跟阅读（一）一样，老师可以先跟学生过一遍题目，并让他们把疑问词找出来。然后用小组的形式一起把题目的答案找出来。

参考答案

一、

不好：困难、难、没意思、差；**中性：**水平、还可以；**好：**有意思、不错、对……感兴趣、好玩儿、进步、容易、有趣、愉快

二、

1 C 2 A 3 B 4 C 5 C 6 A
7 B 8 C

六 说话（二）

参考答案

一、

严格 strict; 有趣 interesting; 好玩儿 fun; 友好 friendly

七 听力（二）

听力录音 CD01, Track 40

王老师：您好，我是林明的西班牙语老师，王老师。
林明妈妈：王老师，您是哪国人呢？
王老师：我是美国人。
林明妈妈：我想知道林明在学校的生活，可以吗？
王老师：他跟王小明是最好的朋友，他也喜欢数学课。
林明妈妈：他对科学很不感兴趣。为什么？
王老师：因为他觉得东西有点儿难。下周有考试，您知道吗？
林明妈妈：他有化学考试，对吗？
王老师：是数学，化学是这一周的考试。……他喜欢数学，觉得老师很不错。他觉得作业很容易。
林明妈妈：明年他要选择一门外语。您觉得选汉语还是西班牙语？
王老师：他西班牙语的成绩很好，但是林明在北京住，学中文很有用。
林明妈妈：谢谢您，王老师。

参考答案

1 美国人 2 数学 3 数学 4 很容易
5 中文，因为他住在北京。

八 阅读（三）

文化

这个活动的目的跟之前的都不一样，其目的在于让学生更了解中国的教育制度。所以老师可以先让学生在家里找资料，可以让学生看看英文的介绍，有了一个背景资料之后学生比较能理解中国的教育制度。虽然是跟其他地方大同小异，但老师可以说一说中国的"语文"指的是"汉语"课，课程针对中国人，内容跟中国文学有关。

老师可以借这个活动，让学生想一想几个问题。第一是他们的国家是否有义务教育，如果有的话一般多少年。另外可以说一说中国的高考（大学入学试），也可以问一下他们有没有哥哥或姐姐考过大学入学考试，究竟难不难，压力大不大。

参考答案

1 英文、数学、科学
2 生物、物理、化学
3 喜欢做实验、上课很好玩儿
4 中文、西班牙语
5 在美国，会说西班牙语很有用
6 老师
7 多看自己喜欢的书能提高语文水平

九 写作

参考答案

一、

中文、英文、数学、科学、历史

二、

严格、友好、认真、有趣、好玩儿

三、

亲爱的小王：

你好！收到你的来信，我很高兴。

我今年一共学习六门课，有英文、日语、中文、化学、历史和地理。我很喜欢外语，所以学了两门外语课。

我自己很喜欢中文课，因为我喜欢我的中文老师。我的中文老师是一个香港人，他教中文三年了，他很友好，也很严格。

我喜欢化学课，因为老师不给我们作业。上化学课时，我们常常做实验，所以很有意思。我不喜欢体育课，因为体育课要做运动，我不喜欢踢足球，也不喜欢打篮球。

我们每天八点上课，一天要上六节课，每一节课一个半小时，上体育课最没意思。

祝

好！

你的朋友 小明 上

四月八日

练习册答案

练习一、

1 生物、化学　2 汉语、英语、德语、法语
3 音乐、美术　4 地理、历史

练习二、

1 日语、中文、英文　2 四　3 三
4 十五 (15)、九十 (90)　5 八点、下午三点

练习三、

1 我在北京国际学校上学。
2 我喜欢体育课，因为可以踢足球、打篮球和打乒乓球。
3 我今年一共学七门课：英语、中文、数学、科学、历史、法语和地理。
4 我不喜欢数学，因为数学很难。
5 我的老师上课很严格，因为在课上不可以说话。
6 我喜欢中文，因为我喜欢中国。

练习四、

2 F **3** G **4** D **5** B **6** A **7** E

练习五、

1 香港

2 二十五个小时。

3a 我选了音乐，因为我喜欢弹琴、弹吉他，也喜欢唱歌。

3b 我也选了体育课，因为我的爱好是运动，比如踢足球、打乒乓球。

4 因为学了英文可以跟外国人沟通，认识新朋友。

5 他上课非常严格。

6 不是，因为对数学没兴趣。

7 他很喜欢英文小说。

练习六、

赵林：

你好！很高兴收到你的来信。最近刚考完试，所以现在才回信，请见谅。

我的学校在北京，叫北京中学。我们每周也上二十五节课，但是每节课四十五分钟。今年我学十二门课。我喜欢学外语，所以选了西班牙语。因为我是中国人，我选了中文课。

我最喜欢的是数学课。我的数学老师是英国人，上课很有意思。他非常友好，很会帮助同学，而且他有很多不同的爱好，如爬山、跑步等。

我最不喜欢的是体育课，因为我不喜欢做运动。上课时要打篮球、跑步等等，我觉得很难。上体育课没意思。

我们每天八点半上课，四点钟放学。每天有一个半小时的午饭时间。我最喜欢的是看书，所以也喜欢到图书馆看书。下课我没有课外活动，因为我每天有很多的作业。

祝

好！

你的朋友 李红 上

一月二十日

个人与社会
B Personal and social life

学校设施
12 School facilities

学习目标

本单元，你会：

- 听关于学校的介绍
- 介绍学校的不同设施及功能
- 明白学校的地图

你还会学到：

- 句型“一……就……”
- 关联词“虽然……但是……”
- 趋向补语
- 方式副词 + 地

单元介绍

这一单元主要介绍“学校设施”。学生将会读到一些关于介绍学校的文章，同时有机会读到原汁原味的真实“招生广告”。此外，方位词在本单元中也会再一次复习、深化。

语言点方面，本单元会介绍两个句型。“一……就……”和“虽然……但是……”这两个关联词连接的句型对学生的口语和写作将会有很大的帮助，因此老师应该着重加强引导和训练，并鼓励学生在作文和口语准备中尽量用上这两个句型。此外，本单元的两个语法点，即趋向补语和“方式副词 + 地”也是本单元的难点。老师可以跟学生一起看课本中的解释和例句，然后用练习册来巩固学生的语法知识。

一 温故知新

教学建议

这个部分共有三个活动。

活动一是选词填空题，主要是帮助学生掌握关于“学校设施”的基本词汇，同时在句子中运用。老师也可以和学生复习方位词的使用。例如，可以提问学生，为什么用“在教室里”,“在礼堂里”, 而不用“在球场里”(因为是 on the field)，提高学生的思考能力。

活动二是翻译题，主要学习趋向补语的使用。关于趋向补语这一语法点，老师可以根据学生的实际情况，酌情把握教学内容。

活动三是根据英文意思，选词填空题。主要学习“方式副词 + 地”的用法。在介绍这个语法点时，老师可以结合复习之前学过的助词“的”和“得”用法。下面将这三个助词的用法简要归纳如下，供老师们参考使用：

	使用方法	例子
的	代词／形容词 + 的 + 名词	我的书包 红色的衣服
地	形容词／副词 + 地 + 动词	很快地跑
得	动词 + 得 + 副词／形容词	跑得快 做得好

练习册

练习二提供了趋向补语的基本练习。

练习三提供了“的”、“得”、“地”的补充练习，供学生巩固学习。

参考答案

一、

1 A **2** C **3** D **4** E **5** B

二、

1. As the class began, students walked into the classroom.
2. Dad came back from Singapore.
3. When the performance started, we all sat down.
4. My little sister came out of the school.
5. My mum is not at home. She has gone out.

三、

1 C **3** B **4** A **4** D

二 听力（一）

教学建议

这个听力活动模仿中国社交平台“微信”的形式，学生听录音中的问题，选择正确的答案。当然，在播放录音前，老师应鼓励学生认真阅读选项中的句子，揣摩可能被问到的问题。

听力录音 CD01, Track 41

1. 你的学校叫什么名字？
2. 你们学校一共有多少老师？
3. 你们学校有什么设备？
4. 游泳池在哪儿？
5. 你们学校的教学楼一共有几层楼？
6. 我要去哪一层找校长？

参考答案

1 D **2** B **3** A **4** E **5** F **6** C

三 听力（二）

教学建议

本文主要介绍学校设施，除了用此文作为听力理解训练外，也可以作为范文。老师可以和学生一起找出文章中值得学习的句子和短语，加以练习，以便日后写作时使用。

听力录音 CD01, Track 42

我的学校叫蓝山中学。这所学校很大，有八十个老师和一千五百个学生。我们学校设备齐全，历史悠久。

一进门，左边就是一个很大的足球场。右边是一个游泳池。中间是一座教学楼。足球场的后边有一个体育馆，体育馆旁边有一个小卖部。游泳池的后边有一个食堂。教学楼里有礼堂、办公室、教室、实验室等等。教学楼的前边有一个小花园。

练习册

在完成练习九的写作练习时，老师可以提醒学生参考听力（二）完成作文。

句型

一……就……的用法

这一句型适用于两个动作先后紧接着发生。而两个动作的主语可以是同一个，也可以是不同的两个主语。例如：

- 我一做作业就想睡觉。
- 妈妈一走进来，我们就不唱歌了。

在介绍这个这个句型时，老师不妨也和学生重温一下……的时候……句型。需要区分的是，一……就……强调的是两个动作的**紧接着发生。**

参考答案

一、

1 八十个　　2 一千五百　　3 游泳池
4 体育馆　　5 食堂

二、

A 花园　　B 体育馆　　C 游泳池
D 食堂　　E 小卖部

句型、

1 我一回家就看电视。
2 我们一坐下，老师就进来了。
3 我弟弟一做完作业就玩电脑游戏。

四　说话（一）

教学建议

这个说话活动要求学生准备一个学校"开放日"的演讲。学生可以分组活动，先画一张学校参观路线图，再准备讲稿，最后讲解给同学听。

这个活动也可以设计成一个情景对话，例如，让一部分学生扮演参加"开放日"的家长，另一部分学生做"讲解员"，带领家长参观学校。如果选用这一活动形式，老师可以建议学生复习"指路"的词汇 (Chapter 10 Living environment)。

文化

文本与翻译：

zai Zhōngguó liù suì dào shi èr suì shàngxiǎoxué shí èr suì dào shí bā suì shàng
在中国，六岁到十二岁上小学。十二岁到十八岁上
zhōngxué yī bān lái shuō xuéshēngmen zài yī gè jiào shì lǐ shàngsuǒyǒu de
中学。一般来说，学生们在一个教室里上所有的
ke yī ge jiào shì jiù shi yī gè bān yī gè bānyǒu sì shí dào wǔ shí gè xué
课。一个教室就是一个班。一个班有四十到五十个学
shēng hé yī gè bānzhǔ rèn
生和一个班主任。

tú piànshàng nǐ kě yǐ kàndào yī jiānzhōngxué de jiào shì nǐ kàn jiào shì de
图片上，你可以看到一间中学的教室。你看，教室的
qiánmiànyǒu yī gè hēi bán zhōngjiānyǒu yī zhāng lǎo shī de zhuō zǐ Zhōngwénjiào
前面有一个黑板，中间有一张老师的桌子，中文叫
jiǎng tái jiao shì lǐ yǒu èr shí zhāngzhuō zǐ hé sì shí bǎ yǐ zǐ
"讲台"。教室里有二十张桌子和四十把椅子。

In China, students go to primary school from age six to twelve and go to secondary school from twelve to eighteen. Generally speaking, students have all their lessons in the same classroom. Students in the same classroom form a class. There are usually forty to fifty students and a form tutor in one class.

教学建议

学生应该会对这个部分的文化常识感兴趣，老师在教学中可以适当增加一些中国学校的图片，结合表格，让学生参与讨论。

五　阅读（一）

教学建议

这个范文模拟真实的课外活动招生广告。学生首先需要读懂题目，再根据题目需要，从文中捕捉信息。

因材施教

老师也可以让学生分小组尝试自己编写一个课外活动广告。

参考答案

1 D　　2 C　　3 B　　4 B

六 阅读（二）

教学建议

这是一篇以日记格式书写的短文。在完成阅读训练前，老师可以让学生先阅读题目，找出疑问词，从而在文章中捕捉重要信息。

此外，作为一篇日记体的范文，老师也可以鼓励学生模仿写一则日记。

参考答案

1 三十人
2 唱歌（特别是中文歌）。
3 十五岁的时候。
4 担心自己的英文不好（害怕自己不明白英国人说什么）。
5 因为她的课很有意思。

七 写作

教学建议

这是一个回应式写作，要求学生先读一封信，然后代表张老师给马力回信。老师应提醒学生以下几点：

1 书信的格式
2 既然是回信，那么就应该做到回复原信中的内容。
3 注意语言、口吻应符合写信人，即张老师的身份。
4 课本中提供的结构仅供参考，学生可以自由发挥。

参考答案

亲爱的马力，

你好。谢谢你的来信。我很好。谢谢你。

很高兴你的中文水平提高了。希望你不要停止学习中文。

中学的时候，我喜欢英文课。因为我喜欢看英文电影。我喜欢我的英文课老师，因为我觉得她很有意思。我的学校虽然不大，但是历史悠久。我的学校设备齐全，有游泳池、体育馆、实验室和图书馆等等。

你喜欢你的学校吗？

祝

学习进步！

张老师

八月十日

八 说话（二）

教学建议

老师应提醒学生在完成对话前先仔细阅读角色和情景。例如，该活动要求角色 B 是一个在中国的英国交换生。因此，在对话中回答“你是哪国人？”时，学生不可自我发挥回答为其他国家，而只能回答“英国人”。由于本单元与学校设施相关，老师也可以根据学生的实际情况，增加一些与“学校设施”相关的问题。

参考答案

B1: 我是英国人。
B2: 一年／三年／三个月／两个星期／两年（任何与时间长度有关的短语都可以）
B3: 我会说英文和中文。（任何与语言相关的词都可以）
B4: 我喜欢看英文书。（任何与书相关的词都可以）
B5: 我的爱好是打篮球。（任何与爱好相关的答案都可以）

考试练习题

听力录音 CD01, Track 44

刘一平：您好，我是刘一平，是新同学。请问我们学校有哪些课外活动。
老　师：欢迎你。我们学校每星期一、三、五下午有课外活动。
刘一平：星期一有什么活动？
老　师：星期一有保龄球。
刘一平：星期三有什么活动？
老　师：星期三是游泳。
刘一平：星期五呢？
老　师：星期五有科学实验。

参考答案

一

1 A　**2** B　**3** C

二、

1 D　**2** B

三、

1 是　**2** 是　**3** 非

练习册答案

练习一、

礼堂 (lǐ táng) hall, auditorium; 体育馆 (tǐ yù guǎn) gym; 足球场 (zú qiú chǎng) football pitch; 小卖部 (xiǎo mài bù) tuckshop; 图书馆 (tú shū guǎn) library

练习二、

2 C　**3** F　**4** D　**5** G　**6** H　**7** E
8 A

练习三、

1 的　**2** 得　**3** 地　**4** 地　**5** 得　**6** 的

练习四、

1 A　**2** D　**3** C　**4** E　**5** B

练习五、

1 虽然他的学校很小，但是老师很好。
2 虽然水果对身体好，但是妹妹不喜欢吃水果。
3 虽然数学很难，但是哥哥很喜欢做数学作业。
4 姐姐一回家就做作业。
5 我一看到桌子上的菜就觉得饿了。
6 爷爷一看电视就想睡觉。

练习六、

1 B　**2** A　**3** D　**4** C　**5** A

练习七、

1 回来　**2** 不知道　**3** 没想到
4 担心　**5** 进来

练习八、

1 非　**2** 非　**3** 是　**4** 非　**5** 是

练习九、

（参考范文）

亲爱的林平，

你好吗？好久不见。今天我想介绍一下我的学校。我的学校叫三山中学。我的学校有一千五百个学生，八十五个老师。虽然我的学校不大，但是设施齐全。一进门，左边是一个小操场，你可以在操场打篮球和打羽毛球。右边是一个小花园。花园前面是礼堂。礼堂旁边是教学楼。教学楼里有老师办公室、教室和实验室。图书馆在教学楼的后面。图书馆旁边有小卖部。我们学校没有餐厅，但是小卖部里有很多好吃的小吃。我们每天早上八点上课，下午四点放学。放学以后，学校有各种各样的课外活动。我很喜欢我的学校，因为学校的老师很好。

你喜欢你的学校吗？

期待你的回信。

祝

好

吴小红
十月六日

周游世界
C The world around us

天气与气候
13 Weather and climate

学习目标

本单元你会：
- 阅读世界各个城市的天气预报
- 明白有关天气情况的对话
- 说一说你所在城市的天气
- 给一个中国的朋友写一封信，说一说你所住城市的天气

你还会学到：
- 比较：……比……
- 句型：如果……，就……
- 未来（1）：要……了、快要……了、快……了
- 怎么用“起来+了”
- 量词：场

单元介绍

这一课的主题是“天气与气候”。学生除了会学到跟天气有关的词语外，还会学到天气与着装的关系，例如“如果天气冷的话就穿大衣”。

讲到天气的时候，很多句型都会显得很有用。例如比较两个地方的天气时，学生可以讲到“北京比上海热”。看到天气预报，知道明天天气怎么样，会想到“如果明天天气好的话，我们就去打篮球”。有些地方，比如香港、新加坡，天气“又”热“又”湿。那么这些句型就相当好用。

一 温故知新

教学建议

活动一是一个热身活动，旨在让学生复习以前学过的词语。老师可以通过 PowerPoint 的形式来跟学生复习，不用花太多的时间在这个活动当中。

因材施教

老师可以运用“延伸活动”来丰富学生的词汇。老师可以先让学生回家查字典，然后让学生在课上分享新词语，比如“下雹”，“打雷打闪”。

参考答案

1 B	**2** C	**3** H	**4** E	**5** D	**6** G
7 I	**8** A	**9** J	**10** F		

延伸活动、

1 下雹 (xià báo) hail　　2 打雷打闪 (dǎ léi dǎ shǎn) thunder and lightning

二　阅读（一）

教学建议

这一个活动非常贴合生活。学生除了要辨认中国城市的名字以外，还要运用“A 比 B + 形容词”的句型。学了一至两年中文的学生一般都会这个句型，所以是一个很好的复习机会。老师也需要跟学生说一说“度”的概念。在中国，人们都是用“摄氏”的，所以如果你说“度”的话，自然就是摄氏了。而这个“度”字，本身就是一个量词，所以说“2 度”的时候，就应该是“两度”。

参考答案

1 是　2 是　3 是　4 是　5 非

小贴士、

因为“度”是一个量词。

句型、

1 北京比上海热。
2 香港比上海热。
3 西安比北京凉快。
4 广州比西安热。
5 南京比北京凉快。

三　说话（一）

教学建议

教学目的是学习疑问句型“怎么样”和“多少度”。老师应该让学生两人一组，运用这两个问句句型来造句。

参考答案

1 香港明天 25 度。／香港明天晴天。
2 上海明天 24 度。／上海明天下雨。
3 西安明天 20 度。／西安明天晴天。
4 南京明天 24 度。／南京明天有雾。
5 广州明天 31 度。／广州明天大风。

四　听力（一）

教学建议

这个活动与“温故知新”、“活动三”有着一脉相承的地方，目的在于建立学生对回答“怎么样”和“多少度”这两个问题的信心。这里的三个新词语，“零下”、“毛毛雨”和“雷雨”，都是日常生活中常见、常听到的词语。

听力录音 CD01, Track 45

1 今天下雨。
2 今天气温在二十三度左右。
3 明天有雷雨。
4 明天零下七度。

听力录音 CD01, Track 46

1 新加坡有雷雨，气温在二十七度左右。
2 台北下毛毛雨，气温在二十三到二十五度。
3 香港晴天，但有刮风。
4 北京很冷，下雪，气温在零下三度。

练习册

练习册的练习三要求学生看图造句，写出每个城市的天气状况与气温。学生可通过这个练习巩固所学。

参考答案

一、

1 A　2 B　3 C　4 D

二、

1 B　2 D　3 A　4 C

五　阅读（二）

参考答案

1 北京
2 每天太阳都出来
3 爷爷说快要下雨了
4 十分钟
5 给了妹妹一大碗热汤
6 39° 左右
7 北京会多云转晴
8 马来西亚

六　听力（二）

教学建议

听力（二）的活动对不少学生来说是非常困难的。学生先要理清词语的意思，然后再听，那么学生就不会觉得这么困难。

听力录音 CD01, Track 48

学生：老师您好。您以前住在北京，北京的气候是怎么样的？
老师：北京一年有四个季节：春天、夏天、秋天和冬天。北京的春天白天凉快，很舒服，但是夜里很冷。
学生：我暑假时会去北京。夏天天气怎么样？
老师：北京的夏天很热，有时候会有下大雨。
学生：那么冬天呢？
老师：冬天很冷，刮强风，如果你要去北京，就要穿毛衣。

参考答案

1 凉快／很舒服　　2 很热／（有时候）下雨
3 很冷／刮强风　　4 毛衣

七　阅读（三）

参考答案

一、

1 天气预报
2 好像
3 打折
4 健康
5 戴

二、

1 C　2 B　3 A　4 A　5 C

八　说话（二）

参考答案

1 今天晴天，气温在二十度左右。
2 今天二十五度，很凉快。
3 香港的天气春天经常有雾。气温在十八到二十四度之间，穿汗衫、牛仔裤就可以了。
4 新加坡一年四季都是夏天，气温在二十五度以上，非常热。来新加坡要穿汗衫，但也可以带外套。
5 北京的秋天非常凉快，不冷也不热。秋天来北京要穿外套，早上、晚上比较冷，要穿毛衣。
6 台北的冬天有时候很冷，气温在十到十五度之间。冬天来台北要带毛衣、大衣，有时候要戴帽子、围巾。

九　写作

参考答案

一、

下雨、晴天、有雾、下大雪、刮风

二、

亲爱的小田：

我现在住在香港。香港非常美丽，一年有四季——春天、夏天、秋天、冬天。这里的夏天非常热，下午经常下雨，晴天的时候香港很漂亮。从山顶上看香港，可以看见美丽的海港。这个夏天我去了海洋公园看熊猫，它们非常可爱。

我最喜欢的季节是秋天，因为秋天的天气不冷也不热，我可以穿外套、牛仔裤。天气非常舒服。我这个寒假会跟爸爸妈妈一起回去马来西亚，我们会看亲戚之外，也会去看好朋友。我的朋友又友好又热情，我很想他们。如果你有时间的话，也可以来马来西亚玩儿！

祝好！

小王上
八月十三日

练习册答案

练习一、

1 下雨 (xià yǔ)　　2 多云／阴天 (duō yún / yīn tiān)　　3 有雾 (yǒu wù)

4 下毛毛雨 (xià máomáo yǔ)　　5 晴天 (qíngtiān)　　6 下雪 (xià xuě)

7 刮风 (guāfēng)

练习二、

1 天气、气温、到、度　　2 冬天

3 转晴、暖和　　4 凉快　　5 比　　6 晴天

练习三、

1 伦敦今天阴天，很冷，气温在六到九度。
2 北京今天多云，很凉快，气温在九到十一度。
3 纽约今天下雪，很冷，气温在零下两度到两度。
4 悉尼今天有雷暴，很热，气温在二十二到二十五度。
5 新加坡今天晴天，很热，气温在二十八到三十度。

练习四、

1 Tomorrow the weather in Xi'an is changing from sunny to cloudy. The temperature is around 25°C.
2 It seldom snows in Shanghai during the winter.
3 Sometimes it rains in Hong Kong during the summer; (so) bring an umbrella.
4 It snows in Beijing in the winter; you need a coat.

练习五、

1 北京比伦敦暖和。　　2 新加坡比悉尼热。
3 纽约比伦敦冷。　　4 香港比悉尼凉快。
5 悉尼的天气比新加坡的差。
6 伦敦的天气比纽约的好。
7 新加坡。　　8 纽约。

练习六、

1 如果下个月北京下大雪，你就要穿比较厚的裤子。
2 如果秋天去上海旅游，你就要穿外套，因为气温在十度左右。
3 如果你经常骑车，就要买手套。
4 学生如果在学校考试，就要带文具。
5 如果夏天去新加坡，就要带雨伞，因为那里常常下雨。

练习七、

1 B　　2 B　　3 C　　4 A　　5 A

练习八、

我住在香港。香港在中国的南部，夏天的天气很热，气温在二十六到三十度之间，常常下雨。冬天很凉快，气温在十度左右，经常刮风。香港人常常穿衬衫、短裤。在冬天的时候，因为气温很低，所以有人会穿大衣，戴围巾、手套等等。香港在夏天常常下雨，所以我们要带伞。

周游世界

C The world around us

交通工具

14 Transportation

学习目标

本单元你会：

- 阅读交通指南
- 听懂火车上的广播
- 说一说你居住的城市有什么交通工具
- 学习怎么用中文买火车票
- 给朋友写一封信，介绍你城市的交通工具

你还会学到：

- 量词：辆、匹、种
- 句型：比……更、最、……没有……、先……然后……
- 语序：我坐公共汽车上学

单元介绍

学生在 IGCSE 之前已学过一些跟交通工具有关的词语，这一课的前半部分是帮助学生复习的。在这一课的后半部分，老师应多鼓励学生运用"比……更"、"最"、"……没有……"、"先……然后……"这些句型。量词、语序也是学习的难点，老师除了用书上的语法解释外，也可以配合练习册上的练习来加强训练。

一　温故知新

教学建议

老师不妨把学生分组，每一组可以把词语写在小白板上，让学生以协助学习的方式来复习词语。虽然"工具"不在大纲中，"交通工具"还是一个很有用的词语。

语法

量词是学习难点之一。老师必须以"数词 + 量词 + 名词"这种搭配教学生，比如"一辆汽车"、"两辆出租车"、"三匹马"，这种教法可以培养学生的语感。

文化

不同地方对交通工具的叫法

老师可以提一提为什么在香港，公交车和出租车分别叫"巴士"和"的士"。香港以前是英国的殖民地，英文的影响比较大，其实"巴士"来自英文 bus 的音译，"的士"就是 taxi。

因材施教

绕口令 (ràokǒulìng) Tongue twister

中国的声调不容易，试读一读以下有关交通工具的绕口令。

妈妈骑马，马慢妈妈骂马。(mā mā qí mǎ, mǎ màn mā mā mà mǎ)

语法

语序：我坐公共汽车上学

对学生来说，manner 是一个很奇怪的词语，其实它的意思就是"怎么样"。老师可以跟学生说，这个活动的目的，就是回答"怎么上学／上班？"这个问题。答案一般在主语和动词之前。

因材施教

老师可以用以下练习巩固学生对这个语法点的掌握：

Translate the following sentences into Chinese:

1 I go to school by bus.
2 I cycle to the library.
3 I walk to school every day.

参考答案：

1 我坐公共汽车上学。
2 我骑自行车去图书馆。
3 我每天走路上学。

练习册

练习册的练习六以重组句子的方式巩固学生对语序的掌握，非常有用。

参考答案

一、

公共汽车、飞机、火车、自行车、汽车、船、走路、摩托车

延伸活动、

地铁、电车、缆车、人力车、校车、骑马；艘 (sōu)

二、

a 坐公共汽车、坐飞机、坐火车、坐汽车、坐船
b 骑自行车
c 走路

二 听力（一）

教学建议

这个活动是之前"语法"的延伸，主要是巩固学生对语序和词语的掌握。对能力差的学生来说，这个活动应该不难，可以提升学生的信心。

听力录音 CD01, Track 50

晶晶：我叫晶晶，今年十二岁。我每天坐校车上学。

大力：我叫大力。是十年级的学生。我天天坐出租车上学。

小王：我叫小王。我家住在香港的一个小岛。所以我每天都要先坐船，然后坐公交车上学。

冰冰：我叫冰冰。我家离学校很远，要坐地下铁上学，每天要坐四十分钟的地铁。

庭庭：我叫庭庭，是冰冰的邻居。我可以坐地下铁上学，但是我坐妈妈的车上学。

句型

先……然后……

老师可以运用以下练习巩固学生对这个句型的掌握：

Translate the following sentences into English.

1 他们先去电影院，然后去公园。
2 你先过马路，然后往右拐。
3 我先去南京，然后去上海。

参考答案

1 They go to the cinema first; then they go to the park.
2 You cross the road first, and then turn right.
3 I go to Nanjing first, and then Shanghai.

参考答案

Dali: A; Xiaowang: C, B; Bingbing: G; Tingting: H

三　说话（一）

教学建议

这个角色扮演非常实用，学生如果到中国旅游的话，可能在地铁站、火车站遇到相似的情况，所以不妨让学生多练习不同的句型。当学生熟悉疑问词后，老师不妨以随机的形式问学生问题，提高他们的听力。活动要求学生把南京换做西安或者北京，但其实问题不变。

练习册

练习册中的练习四有相关练习，老师可以让学生回家做一做。

句型

学生在第十三课中学了“……比……”这个句型。这语法点是前一课的延伸，先教“……比……更 + adjective”，再教“最 + adjective”和“……没有……的 + adjective”。第一个句型跟“……比……”没有太大的分别，只是多了一个“更”，所以学生比较容易掌握。“最”也没有什么太大的问题，因为在英文中也有相同的概念。第三个句型比较难教，首先老师应指出在“……比……”中，没有“……比十……不 +adjective”这个结构的。要表达这一种概念的话，必须用“……没有……的 + adjective”。跟之前的语法教学一样，最有效的还是多看例子，多做练习。除了以下的练习外，练习册的练习三也有相关的填空练习。

Translate the following sentences into Chinese. Use the sentence structures given in the brackets.

1. Xiao Wang (小王) is even taller than his dad. (……比……更……)
2. Chinese is the most interesting subject in school. (最)
3. Chinese is the hardest language. (最)
4. Walking is slower than riding a bicycle. (……没有……快)
5. The city centre in Beijing is the busiest and liveliest. (最)

参考答案

1. 小王比他爸爸更高。
2. 中文是学校里最有意思的科目。
3. 中文是最难的语言。
4. 走路没有骑自行车快。
5. 北京的市中心最热闹。

四　阅读（一）

因材施教

这一篇文章比较有挑战性，对于比较弱的学生来说，这篇有比较多的补充词语(即不在大纲的词语)。老师可以先让学生在家里用自己熟悉的语言看看香港的主要交通工具，当学生有了一定的语境后，他们可以开始在课堂阅读课文。有了语境，学生若遇上不懂的词语，也可以猜一猜它们的意思。

练习册

老师不妨让学生在家里做练习册的练习七《新加坡的交通工具》。那篇文章跟香港的这一篇很相似，可以有效地巩固学生的知识，并提高他们的语文能力。

参考答案

1. 香港有各种各样的交通工具，因为香港是个大城市。
2. 香港国际机场是很多旅客的第一个到达的地方。
3. 地铁、巴士
4. 三十分钟
5. 大概一个多小时
6. 地铁
7. 地铁
8. 人山人海，车水马龙，非常热闹。
9. 在凌晨一点左右
10. 在上班、下班这些繁忙时间都会堵车。

五　阅读（二）

教学建议

这一篇文章与阅读（二）很不一样。阅读（二）完全是与“交通工具”有关，这一篇已经开始从交通工具过渡到第十五课“旅游”。老师不妨跟学生预告一下。

同时这里带出了一个成语“人山人海”，老师解释的时候，不妨多加例子，不要让学生滥用这个词，比如“在这个商场，人很多，总是人山人海的”、“伦敦游客很多，真是人山人海。”

参考答案

1 C　**2** A　**3** A　**4** A　**5** C

六　听力（二）

教学建议

这是另一个很实用的活动，学生如果去中国旅游的话，也有可能坐火车、高铁等交通工具。学了几年汉语的他们，如果能在中国听得懂火车上的广播，他们会很有成功感的。

因材施教

对于能力不高的学生，这个“广播练习”可能比较难。其中一个解决的办法是先看题目，先知道自己要得到什么资讯，然后听的时候留心听。另一方面，老师也不要只以做练习的心态把录音只放一遍，应该看看学生听不明白什么地方，然后重放听不明白的录音部分，这样学生的能力才能有所提高。

听力录音 CD01, Track 52

欢迎大家乘坐G101次高铁。火车从北京开往上海，一共五个小时三十七分钟。

到达上海的时间是今天下午的十二点三十七分。

您可以在六号车买小吃和饮料。

请把您的手提包、箱子放好。谢谢。

参考答案

1 北京　**2** 上海　**3** 五　**4** 六
5 and 6 手提包、箱子

七　听力（三）

听力录音 CD01, Track 53

李　明：老师，您以前住在一个大城市，是吗？
王老师：是的。我以前教的学校在市中心，我也住在市中心。
李　明：那里有什么不同的交通工具？
王老师：那里有各种各样的交通工具，如公共汽车、地铁等。我最喜欢的是他们的地铁票。
李　明：听起来很方便，在哪里可以买到呢？
王老师：在地铁站里就可以买到。他们的地铁真的很方便，因为可以直接从市中心到达机场。

参考答案

1 市中心　**2** 市中心　**3** 各种各样
4 公共汽车、地铁等
5 因为可以直接从市中心到达机场

八　说话（二）

参考答案

1 我每天坐校车上学。
2 我家附近的交通很方便，有公共汽车、地铁等等。
3 我喜欢坐飞机旅行，因为可以去很远的地方。
4 我喜欢坐地铁，因为很方便。
5 骑自行车比坐地铁更便宜，但是自行车很慢。

九　写作

参考答案

一、

公共汽车、飞机、火车、自行车、汽车

二、

亲爱的小明：

你好吗？我最近搬了新家，我现在住在市中心。

我的学校在伦敦的市中心，那儿交通很方便。我的家离学校不远，但也不近，每天我先走路五分钟，去地铁站，然后再坐地铁到学校。除了坐地铁以外，我还可以坐公共汽车上学。不过我觉得地铁比较方便，所以不坐公共汽车。

今年我上八年级，学十二门课：数学、美术、体育、汉语、科学、历史、戏剧、地理、音乐、西班牙语、英文等。我也参加了不少课外活动，比如篮球、橄榄球等等。我每天都打半个小时的篮球。

我喜欢我的学校。我最喜欢汉语课，我的汉语老师是中国人，他经常给我们介绍中国好玩儿的事情，上他的课最有意思。

你在中国好吗？请给我写信。

祝

好！

你的朋友　小东　上

一月二十三日

练习册答案

练习一、

汽车、公共汽车、火车、出租车、地铁、船、飞机、马车

练习二、

1 坐　2 坐　3 骑　4 骑　5 坐　6 坐
7 走　8 走

练习三、

1 没有　2 先、然后　3 比、更　4 最、比
5 先、然后　6 比　7 没有　8 先、然后

练习四、

1 我去北京　2 下午　3 三点钟
4 看朋友　5 硬卧　6 来回票
7 我住在市中心　8 我家离学校不远
9 我每天走路上学　10 五分钟
11 喜欢，因为很健康
12 不想，因为开车很危险

练习五、

1 辆　2 种　3 种　4 辆　5 辆　6 匹

练习六、

2 我每天先坐地下铁上学。
3 你要单程票还是来回票？
4 香港的地铁比巴士更快了。
5 我坐船到体育馆打羽毛球。
6 妹妹坐飞机去英国。

练习七、

1 很方便　2 亚洲　3 二十分钟左右
4 很方便、很便宜　5 假期
6 先坐地铁，然后坐船　7 很不方便
8 28000

练习八、

亲爱的邻居：

欢迎来到我们小区。我是您的邻居林明。

我们这个小区虽然不大，但是交通非常方便。我们家附近有一个公车站，可以坐公共汽车去市中心。附近也有地铁站，其他的交通工具包括出租车、船等等。

这里的地铁最方便。要去市中心，坐二十五分钟的地铁便到。地铁可以直到机场，去机场的时间只需要一个小时，如果你喜欢去旅游的话，会觉得非常方便。

最不方便的是公交车。因为这里的公交车每一班要等半个小时以上。

祝好！

您的邻居　林明　上

一月二十三日

周游世界
C The world around us

旅游经历
15 Holidays: Travel experiences

学习目标

本单元你会：

- 学到更多与到中国旅游有关的生词
- 阅读关于旅游经历的日记和叙述
- 聆听别人的旅游经历
- 回答关于旅游经历的问题，并以两分钟说一说自己的旅游经历
- 写一封有关个人旅游经历的信

你还会学到：

- "了"和"过"的分别，和其他与过去叙述有关的时间词
- 句型："是……的"、"越……越……"和"越来越……"

单元介绍

"旅游"一般是学生最喜欢的题目。在国际学校读书的学生，一般都有旅游的经验，因此，他们都对这个题目很感兴趣。由于这一课的重点在于"经历"，语法上我们要让学生能分辨什么时候用"了"，什么时候用"过"。

一　温故知新

教学建议

"温故知新"的这两个活动，都是为带出中国有名旅游景点的名字。学生一般都听过那些名胜古迹的名字，只是不知道中文怎么说。老师可以用图片作引入，让学生的印象更深刻。"旅游景点"虽然不在大纲当中，但也是一个很有用的词语。

在"小贴士"中，我们提议学生可以上"猫图鹰"去看看名胜古迹、酒店的评论。老师不妨在网上看看有没有什么比较适合学生程度的文字，让学生在网上看看，活学活用。

参考答案

一、

1 是　2 非　3 是　4 非　5 是

二、

1 B　2 C　3 C　4 B　5 A

二　阅读（一）

教学建议

《茱迪的日记》虽然看起来只跟“旅游”这题目有关，但在写这篇范文的时候，作者把几个主题的词语都融进文章中。这一篇除了有旅游，还有“居住环境”、“问路、指路”和“买东西”。老师可以让学生读完文章后感受一下，怎么样把以前学过的东西用在一篇文章当中。

教这一篇文章的时候，老师可以先让学生分组朗读文章，先以协助学习的方式理清文章大意。然后可以把以下的问题写在白板上，让学生以口头的形式去回答。这些问题包括：

1 茱迪是什么时候去中国的？
2 她去了中国哪两个地方？
3 在北京，她最喜欢的地方是什么？
4 她在北京的机场买了什么？为什么？

细读文章后，老师可以跟学生一起做阅读练习，要求学生把疑问词圈出来。

练习册

作者在写练习时，特别从茱迪舅舅王阳的角度去写了一篇日记。除了在词语、句型上与课本范文有呼应的地方之外，学生还可以熟悉日记的格式，一举三得。请参考练习七。

语法

课本详细阐述了“了”、“过”的用法。有一点必须补充，很多学生以为“了”等于英文的过去式（past tense），其实不然。因为“了”从一个语言学的角度来说，它属于“aspect”，表示的是一个动作完成的状态。课本中的例子“我们吃了早餐后去公园逛逛”不是指早餐已经吃过了，它表达的是当吃早餐这个动作完成了后，就去公园逛逛。课本中的英文解释应该挺清楚的，老师可以用该方法跟学生解释。

练习册

练习册中的练习三是“了”和“过”的练习，学生可以通过练习巩固语言知识。

参考答案

1 爸爸妈妈
2 没有去过中国
3 坐火车去天津
4 市中心
5 省钱
6 友好
7 问路
8 看看她的国家有什么好玩儿的地方
9 英国

语法、

1 **a** 爸爸妈妈带我去了北京和天津旅行。
My parents took me travelling to Beijing and Tianjin.
b 忽然发现我们已经迷路了。
Suddenly we realised that we were lost.
c 我在北京的机场买了一本伦敦旅游指南.
I bought a travel guide about London at the Beijing airport.

2 我以前没有来过中国。
I had never been to China.

三　说话（一）

因材施教

对于能力一般的学生，老师可以先让学生再读一遍阅读（一）的范文，两人一组，互相问问以下的问题，然后再引入说话（一）的问题。

1 茱迪什么时候去旅行的？
2 她跟谁一起去旅行？
3 她第几次跟家人去中国旅行？
4 她去了哪里？
5 她怎么去天津？
6 他们住在哪里？
7 那里天气怎么样？
8 那里人们怎么样？

参考答案

1 上个月
2 她跟爸爸妈妈去旅行。
3 她第一次跟家人去中国旅行。
4 先去北京，再去天津。
5 他们坐火车去天津。
6 他们住在亲戚的家。
7 那里的天气很好，每天都是晴天。
8 那里的人们都很友好。

四 听力（一）

听力录音 CD01, Track 55

小马：小王，你好！你现在在哪里呢？
小王：小马，我现在在新加坡，天气很不错。虽然天天晴天，但中午会下雨。
小马：听起来很不错。
小王：没错。我最喜欢的是一边听音乐，一边看书。
小马：在新加坡可以做什么？
小王：在新加坡可以买东西，这里商场很多，可是东西很贵。
小马：还有呢？
小王：我参观了很多名胜古迹。

参考答案

1 新加坡
2 （虽然）天天晴天，但中午会下雨。
3 听音乐，看书
4 买东西，参观名胜古迹

五 阅读（二）

教学建议

范文看起来像一篇应试练习，但是老师只要稍加改编，便可以成为比较活的教学方法。老师可以让学生四人一组，每一个组员只看一段，然后每一个人用三句话把每一段的意思综合起来，比如在“交通”中，学生可以说：“在伦敦，很多人都喜欢坐公共汽车和地铁”、“很多人都骑自行车上班”和“出租车很贵”。在一个学生报告的时候，其他学生要把关键词写出来。这个是“信息差”（information gap）的教学法。

句型

越来越……

这个句型对学生来说不难理解，不过他们在写作时掌握一般都不好，老师应鼓励他们在写作的时候多用这个句型。在学习的起步阶段可先做“因材施教”的翻译练习：

因材施教

Translate the following sentences into Chinese:

a His Chinese grade is getting better and better.
b The bus is getting faster and faster.
c Eggs are getting more and more expensive.

参考答案

a 他的中文成绩越来越好。
b 公车越来越快。
c 鸡蛋越来越贵。

参考答案

二、

1 贵 2 奇怪 3 首都 4 方便

三、

1 地铁 2 市中心
3 （打车）最贵了 4 冬天
5 有雾 6 建筑很古老
7 吃中餐 8 剧场

六 说话（二）

教学建议

说话二的第一个活动看起来像阅读，但是教学的目标不是把文章看得明白，而是能用文中的一些句型来组织一篇自己的短讲。所以除了句型外，老师在指导学生朗读的时候，语速、语调都是教学重点。

句型

越……越……

"越……越……"跟之前的"越来越……"句型有点相似，他们表达的意思基本是一样的，但是句型有点不一样，在课本上已指出，"越……越……"的基本句型是"越+adjective/verb+越+adjective"。老师应提醒学生，"越……越……"必须使用两个"越"，不能只用一个。其它例子：

1 天气越来越冷了。
2 小马越跑越快了。
3 莱迪越长越漂亮。

练习册

练习四以重组句子的方式，巩固学生对"越……越……"和"越来越……"的知识，非常有用。

七 阅读（三）

句型

Using 是+adjective+的："学中文是很好玩儿的。"

老师应提醒学生，中文中"是"的用法与英文中的"to be"是有一点儿不一样的。陈述句中的"我很漂亮"，不需要用上"是"，因为"漂亮"本身就可以当谓语。有些老师会跟学生说用了"是"的话就要用"的"，其实也不然。"是……的"这个句型有强调之意，所以在表意上，"我很漂亮"和"我是很漂亮的"是不完全一样的。

文化

探索中国

除了书上的东西以外，这里还有一个活动建议。中国地大物博，好玩儿、好去的地方有很多。老师可以让学生去分组，到网上找一找以下四个地方有什么好玩儿的东西。

A 广州 **B** 南京 **C** 桂林 **D** 武汉

设计这个活动的原因，是因为很多学生对中国旅游的观念很狭窄，他们只会说北京有故宫、天坛等等。但是中国是一个地大物博的国家，不同的地方有不同的风土人情，所以这个活动除了带出了"桂林"和"武汉"这两个在大纲的词语之外，也让学生去看看中国还有什么好玩儿的地方。老师也可以提出其它地方，比如海南岛、云南等等。

参考答案

1 B **2** A **3** A **4** C

八 写作

参考答案

亲爱的小王：

很久不见！

上个星期，我跟我的家人去了北京旅游。我们是坐飞机去的。我们在北京有亲戚，所以我们在他们家住了一个星期。他们的家在市中心，交通方便。

北京的夏天很热，气温很高，经常在30度左右。我们到机场的时候，雨下得很大，但是第二天太阳就出来了，随后的五天都是晴天。

在那里，我们参观了各种各样的名胜古迹。北京是一座古老的城市。我们去了天安门广场。第二天的早上，我们去了长城，下午到了北海公园游览。市中心太热闹，我不喜欢。

北京的交通很方便。北京的汽车很多，交通不好，坐出租车又不便宜，所以我们都喜欢坐地铁。虽然地铁很方便，但是我很想骑自行车。不过我朋友上一次骑自行车发生车祸，他受伤了。

我很喜欢北京，因为我觉得北京很好玩儿。你最近怎么样？请给我写信。

你的笔友 小青 上
三月十日

练习册答案

练习一、

1 首都　2 旅游　3 名胜古迹　4 华侨
5 生气　6 饭店　7 地图　8 着急
9 以为　10 建筑

练习二、

2 F　3 E　4 A　5 B　6 C

练习三、

2 了　3 过　4 了　5 了、了　6 了
7 过　8 了　9 过　10 了、了、过

练习四、

2 马老师说学习汉语是容易的。
3 这里的商店越来越热闹。
4 我越跑越快，已经比小明快。
5 我没带雨伞，但是雨越下越大。
6 我越来越喜欢北京的旅游景点。

练习五、

1 上个月、上个星期、昨天、去年、两年前
2 天坛、长城、故宫、颐和园、北海公园

练习六、

1 非　2 是　3 是　4 非　5 是　6 非

练习七、

1 今天（八月二十二日）
2 越来越漂亮
3 发音很好，舅舅听得明白。
4 因为亲戚住在北京。
5 他的家在郊区
6 故宫游客太多，想照相的地方都没有。
7 舅舅先开车送他们去火车站，然后他们坐火车去。
8 因为他们有手机，可以看地图。

周游世界
C The world around us

旅游计划
16 Holidays: Planning a trip

学习目标

本单元你会：

- 看得明白、听得懂别人的旅游计划
- 阅读旅游指南
- 听得懂订酒店的对话
- 学习如何用中文订酒店
- 说一说你的旅游计划

另外，你会学到：

- 未来（2）：会、要、打算
- 句型：比如……等等
- 与未来有关的时间词

单元介绍

这一个单元是跟“旅游计划”有关的。学生在这一个单元中会学到一系列跟假期计划有关的东西，比如目的地的天气、旅游景点、订酒店的用语以及假期时应该要带什么。

语言方面由于与“未来”有关，表达未来的句型比如“我想去”、“我打算去”、“我要去”应该重点教授。

一 温故知新

教学建议

第一个活动是以听力方式带出这课五个主要的地方——台湾、香港、新加坡、北京和上海。老师在做活动之前，可以先跟学生带读“词语”，让学生先熟悉录音中会出现的词语。同时也可以跟他们说一说每个城市的特色，比如“北京是中国的首都”、“上海是中国的金融中心”，让学生在做听力练习时更有信心。这个活动中附有北京、上海、香港的照片，老师也可以先教学生怎么阅读图片说明，使学生在做听力练习时更有信心。

听力录音 CD01, Track 59

1 这个寒假，我要去北京。
2 我喜欢中国历史，想去长城看看。
3 那里有教堂，我也会去。
4 我们要先到香港，然后再坐飞机回美国。

参考答案

一、

1 A　2 B　3 A　4 C

二、

1 非　2 非　3 非　4 非

二　阅读（一）

教学建议

这是一个阅读的教学活动，旨在让学生熟悉“我想去”、“我要去”等句型，同时让学生认识汉语中“时间词”（如“明年”、“下个星期”等）的语序应该是怎么样的。

老师可以先让学生把“城市”与“时间”找出来，然后用两只不同颜色的笔，在书上面作标志，同时跟学生分析“去年”是以前的事，“明年”等词语表达未来的意思。

因材施教

视学生的能力，老师也可以跟学生讨论这里出现的“跟未来有关的词语与句型”。老师可以带出“我很想去”、“我要去”、“我打算去”等词语。

参考答案

一、

1 C　**2** E　**3** D　**4** A　**5** B

二、

1	这个星期	**2**	（在酒店）晒太阳
3	重庆	**4**	下个星期
5	参观那儿的农村	**6**	杭州
7	去西湖	**8**	黄河
9	这个月	**10**	看风景

语法、

2“这个星期我打算再去香港”，“下个星期，我们就会坐飞机去重庆”，“我下个月放假的时候会去西湖”，“我这个月将要坐船游黄河”

3 The time expression can be put before or after the subject, e.g. (before the subject) 这个星期我打算再去香港 and (after the subject) 我下个月放假的时候会去西湖

三　听力（一）

听力录音 CD01, Track 61

小王：我是小王。西安的兵马俑很有意思，我很想去。

小刘：我是小刘。我最喜欢买东西，想去香港逛商场。

小张：我是小张。我要去北京，但是我没有中国签证，只好去新加坡。

小龙：我是小龙。我想去中国的首都看故宫。

小红：我是小红。我打算看看中国的大城市上海是怎么样的。

参考答案

1 B　**2** C　**3** A　**4** E　**5** D

四　听力（二）

听力录音 CD01, Track 62

酒店经理：您好！星海饭店。

李 大 海：您好，我叫李大海。我要订一个酒店房间。

酒店经理：好的。您会从哪儿来？

李 大 海：我从北京来。

酒店经理：谢谢。您哪一天来？

李 大 海：明天。

酒店经理：今天是三月二十五日，明天是……您会呆几天？

李 大 海：三天两夜。

酒店经理：好的。您几点到飞机场？

李 大 海：五点四十八分。

酒店经理：好的。只有您一个人吗？

李 大 海：我妹妹会一起来，所以不要单人房，要双人房。谢谢。

参考答案

2 北京　3 三、二十六　4 三、两
5 5:48　6 两个人

五　说话（一）

教学建议

这一活动的设计跟口语考试的"角色扮演"很相似，学生可以两人一组，一人做A，一人做B，然后互相问对方。

因材施教

对于比较弱的学生，老师必须多做一些准备的功夫。老师要先跟学生一起看情景，了解情景之后可以做一些题目的预测，比如他们在打电话订酒店的时候，能预料到酒店的经理会问"要单人房或双人房"，并会问"要多少天"的问题。老师也可以跟学生一起看题目，找出每一题的疑问词（question word）是什么。当学生能掌握这样的一个聆听技巧后，必能事半功倍。对比较弱的学生来说，能回答关键词已经是一件很好的事。

参考答案

情景一：	情景二：
B1：明天。	B1：坐飞机去。
B2：我哥哥。	B2：买东西。
B3：单人房。	B3：打算去。
B4：三天两夜。	B4：三天两夜。
B5：要。	B5：回北京。

六　阅读（二）

文化

旅游团（package tour）在中国很受欢迎。旅游团比较便宜，旅行社也会带你去不同的地方参观名胜古迹，参加的人又不用花时间，所以旅游团在中国很受欢迎。

参考答案

一、

1 C　2 B　3 A　4 C　5 B　6 C

二、

1 准备　2 严禁　3 导游　4 签证　5 忘记

七　写作

参考答案

一、

酒店、宾馆、旅馆

二、

亲爱的小东：

你好！最近怎么样？我觉得你去北京最好。北京是一个很好的城市，你会很喜欢它的。

九月、十月的北京是秋天，天气不冷也不热。很多时候都是晴天，有阳光，很暖和，也很舒服。北京有各种各样的交通工具，比如有地铁、公交车等等。出租车也很便宜，而且很方便。

北京有很多名胜古迹，比如天安门广场、天坛等等。我自己最想去长城，因为长城很壮观。在北京也可以品尝到很多好吃的中国美食，比如水饺、面条等等。

旅游的时候，要带自己的护照。你是英国人，所以来中国要签证，要去大使馆办。旅游的时候要带自己的药，感冒的时候也可以吃药。

我很想在这个寒假去北京。我在这个城市有很多好朋友，我想跟他们见面。

祝

好！

你的朋友小红上
九月三日

八 说话（二）

参考答案

老师好！我今天要说的题目是"中国的一个城市"。我去年跟爸爸妈妈去了香港，香港在中国的南方，比新加坡大。

香港一年有四季。夏天很热，常常下雨。秋天凉快，但是夏秋都会刮台风。冬季有点儿冷，但不会下雪。

香港有很多景点，比如大佛、山顶等。除了景点以外，香港有很多很有特色的餐馆。在山顶你可以看见蓝色的海港，金色的太阳，景色非常美丽。然后我们吃地道的中国菜。我们吃各种各样的菜，比如饺子和香港点心。

第二天我们去了历史博物馆和科学博物馆。我对这些博物馆都很感兴趣。

我很喜欢香港，因为我觉得香港很好玩儿。我现在虽然在新加坡，但希望在未来再去香港。我想去海洋公园，因为我想去看看可爱的熊猫！听说过山车很好玩儿。谢谢！

九 说话（三）

（略）

十 阅读（三）

教学建议

这一活动非常有挑战性，但是学生可以真正的用中文去解决生活上的问题，非常有用。只要老师安排得好，学生的动机一般都很高。

这一活动中，王田要去新加坡旅游，他要订酒店。他的要求非常高，但是没有一家酒店符合他的要求。活动要求学生看酒店的评论，指出王田应选择哪一家酒店。

老师应引导学生去分析王田有什么要求：

1 在酒店吃早餐
2 在酒店做运动、游泳
3 酒店不能太贵
4 酒店评分不能太低

然后再看酒店的评论，找出它们的符合、不符合的地方：

	符合	不符合
美丽酒店	有早餐 可以在酒店游泳和做运动	早餐很难吃 评分相对低
好好宾馆	有早餐 不贵	没有运动设施
公园旅馆	评分不错	没有运动设施

老师也可以做一个延伸活动，老师可问学生："你是王田的话，你会选择哪一家酒店？为什么？跟同学说一说。"

参考答案

1 两百块
2 香肠、鸡蛋
3 游泳池、健身房
4 不用钱／免费
5 图书馆
6 去附近的公园
7 跑步、打羽毛球
8 三百块

练习册答案

练习一、

1 大使馆
2 沙滩
3 周末
4 比如、等等
5 度假
6 空调
7 酒店
8 健身房

练习二、

2 周末妹妹会有一个考试。
3 这个月我要去上海，因为奶奶生病了。
4 下个星期我打算去旅行社，看看欧洲有什么好玩儿的。
5 下个月我会参加一个青年篮球比赛。
6 下个星期导游会带我们去法国玩儿。

练习三、

(一)

1 我叫王小明。 2 我三月五日来。

3 三天两夜。 4 要带空调的房间。

5 单人房。

(二)

1 北京。 2 北京有很多名胜古迹。

3 坐飞机去。 4 故宫和长城。 5 野餐。

练习四、

2 G 3 D 4 A 5 F 6 H

7 E 8 C

练习五、

(练习可能比考试文章稍长一点儿，请老师注意。)

1 A 2 F 3 D 4 D 5 G 6 D

7 C 8 B

练习六、

亲爱的王明：

你好！最近怎么样？知道你要去中国，我很开心。中国有很多名胜古迹，你一定很喜欢。

你会去中国的首都北京吗？北京是一个很有意思的城市，它有很多旅游景点，有故宫、颐和园、北海公园、长城等等。

去中国旅游一定要带护照。你是美国人，到中国要办签证，办签证要先去大使馆。你订了酒店没有？北京有很多很有特色的酒店，你可以选择。

北京夏天的天气很好，但是很热。下午可能会下雨，你要带伞。北京的交通很方便，你可以坐地铁、公交车等，但是北京有堵车的问题。

我以后打算去北京旅游，因为参观旅游景点时可以学到很多中国历史。北京好吃的食物也有很多，比如饺子、面条等等。

祝

好！

你的朋友 王美美 上

四月七日

周游世界
C The world around us

公共服务与海关
17 Public services and customs

学习目标

本单元你会：
- 阅读游客入境指南
- 用中文填写中国入境卡
- 用角色扮演的形式回答在海关、银行、邮局的问题
- 写一张明信片给朋友

你还会学到：
- "着"的用法
- 量词：本、张、封
- 句型："把"结构（1）
- 句型：……也……、……都……、除了……以外……

单元介绍

这个单元都是以实用的情景为主，内容包括有订酒店、过海关、到邮局寄信和邮包等等。设计这个单元时，作者运用了很多以前出现过的词语，以螺旋型的学习方法巩固学生对词汇的掌握。

语法方面，这一课中讲到的"着"，是很多学生学习语法的难点。"除了……以外……"也是一个很好用的句型，学生也可以通过练习册巩固所学。

一　温故知新

教学建议

除了阅读、词语理解之外，学生在看完第一段后，老师可以用口头的形式来问问题，比如"王小明拿了什么？"、"王小明订了什么？"，增强听说能力。

参考答案

1 准备　2 海关　3 天、夜　4 宾馆

二　阅读（一）

教学建议

这篇范文模拟机场给游客的 fact sheet 来写的，同时带出本课需要带出的词语和句型。

因材施教

对于能力高的学生，老师应让他们举一反三，让他们用课文中的句型来写一些自己国家/城市机场的特色。对于能力比较差的学生，老师可以分组阅读的方式，要求学生三人一组，每人负责两个点，可以做缩写，也可以做英文翻译，完全视学生的能力与程度而定。

句型

"也"和"都"

"也"和"都"这两个词语对大部分学生来说都比较容易掌握。作者教过一些会讲广东话的学生，发现他们因为受到广东话的影响，有时候分不清"也"和"都"。在广东话中，"都"大多时候会扮演"也"的角色。老师如果班上有会讲一点儿广东话的学生，可以在这一方面稍微注意。

练习册

练习三提供了"也"和"都"的填空练习，而练习六和七则提供了"除了……以外……"两种用法的练习，老师可以请学生在家里做作业，巩固学习。

参考答案

一、

1 签证 **2** 办 **3** 饮料 **4** 换钱 **5** 商店

二、

1 A **2** C **3** B **4** A **5** A

句型（也和都）

也

1 过海关时，不可以带水，也不可以带可乐。When going through customs, you cannot bring water and (also not) soft drinks.

2 过完海关后，可以去商店买饮料，也可以在飞机上问空中服务员拿。After going through customs, you can buy drinks in the shops; you can also ask for drinks from the flight attendants on the plane.

3 除了兑换店以外，机场也有"贵宾休息室"。Apart from a currency exchange, the airport also has a VIP lounge.

4 里面有免费的饮料、食物，也可以在那儿洗澡。Inside (the lounge) there are free drinks and food, and you can also take a bath/shower there.

都

1 每个外国人到中国旅游都要旅游签证。Every foreigner needs a visa when they come to visit China.

2 其他都是不用钱的。All the others are free.

3 每个到"贵宾休息室"的乘客都要会员卡。Every passenger who wants to use the VIP lounge needs a membership card.

4 游客都喜欢我们的机场。All visitors like our airport.

句型（除了……以外）、

1 申请签证时，除了要带文件、支票以外，还要填表。(2) **2** 除了兑换店以外，机场也有"贵宾休息室"(2) **3** 除了白酒一杯二十块以外，其他都是不用钱的。(1)

三 听力（一）

听力录音 CD02, Track 03

航空服务员：王先生，您好！
王　先　生：您好。我中文不太好，可以帮我填写这张入境卡吗？
航空服务员：没问题。您是哪国人？
王　先　生：我住在印尼，但是我是日本人。
航空服务员：您的护照号码是多少？
王　先　生：H1745
航空服务员：您住在西安的哪一个宾馆？
王　先　生：夏天饭店。
航空服务员：您来中国做什么？来看西安的朋友吗？
王　先　生：我要参观西安的名胜古迹。

参考答案

1 日本人　　2 H1745
3 夏天饭店　　4 观光

延伸活动

老师可以让学生自行回家查字典，认识入境卡上其他词语的意思，比如会议／商务、返回、常住地、访问、就业、定居。

四　说话（一）

参考答案

1 我填了。
2 我是日本人。
3 参观
4 我要去看看兵马俑。

五　写作

参考答案

亲爱的张南：

你好，我现在在西安。我住在宾馆，我来这儿五天四夜。西安的天气很好，现在是春天，不冷也不热。今天早上下过小雨，但是下午晴天。

西安有很多名胜古迹，我去了看兵马俑。中国历史悠久，除了兵马俑以外，还有大雁塔、小雁塔等。

西安是中国的一个交通便利的城市。人们可以坐火车到西安。西安最大的火车站就是“西安站”。从香港到西安可以坐飞机。西安也有地铁，公交车也非常方便。

我很喜欢西安，因为人们很友好。我希望将来再去西安，我打算在那儿读汉语。我现在的中文不好，我希望可以多跟中国人说话。

祝

好！

你的朋友　王小明　上

六　阅读（二）

教学建议

这一篇文章主要介绍了中国的邮政服务。中国的邮政服务跟世界各地的服务都很相似，所以理解上不困难。如果学生有机会到中国旅游的话，可以鼓励学生到中国邮局买邮票、寄明信片，活学活用中文。

另一个要注意的教学点是量词。正如作者在前几课提及，学生对量词的理解是有的，但是在写作文的时候，对于它存在的概念就不强，所以老师应通过“数词＋量词＋名词”的反复练习，巩固学生的知识。

练习册

练习四提供了量词的练习，老师除了巩固学生对量词的理解，还可以加深他们对本课词语的印象，一举两得。

参考答案

1 航空信
2 航空信
3 明信片，因为便宜。
4 C
5 注明邮包里面是什么

七　说话（二）

参考答案

一、

1 明信片　　2 马来西亚　　3 还要别的吗
4 里面　　5 一共

八　听力（二）

听力录音 CD02, Track 05

邮局职员：一、您好。
李　　夏：您好，我要寄一封信到印尼。
邮局职员：二、你邮包里有什么？
李　　夏：有一条围巾，还有一本书。
邮局职员：三、你要多少枚邮票？
李　　夏：两枚。
邮局职员：邮包的不用，你只有一封信，对吧？
李　　夏：是。
邮局职员：四、你去完邮局后去什么地方？
李　　夏：我去打篮球。
邮局职员：五、你朋友做什么工作的？
李　　夏：他是数学老师。

参考答案

1 B　　2 C　　3 B　　4 C　　5 B

九　说话（三）

参考答案

二、

1 银行　　2 申请信用卡　　3 两张
4 文件　　5 （一本）支票簿

十　阅读（三）

教学建议

前几年曾经有外国的报纸报道“茶馆骗案”，不少外国游客都在中国旅游时受骗了。其实去哪里，都需要提高警觉，不要轻易地受骗。

文章的叙事性很强，“任务型教学法”也可以运用在这一阅读教学中。

前任务可以简化文章，给学生用排序的方法，把文章的事情顺序的排列出来。刘思天的故事包括：(1) 在故宫认识了一个叫李明的人，(2) 李明把刘思天带到一个茶馆，(3) 李明坚持离开，(4) 刘思天发现被骗了。主任务可以是老师与学生一起读文章，做问题，确保学生对文章有贯彻的理解。后任务可以让学生以一个新闻记者的角度，报道这一件事情。

语法

“着”和“正在”的用法很相似。后者是动作的“进行态”，就是一个动作在进行的状态，比如“他正在看书”。而前者是“持续态”，表示一个动作处于持续的状态。老师给学生解释的时候，可以多以例子做解释，比如：

1 他带着手表。
2 窗前放着花瓶。

要提醒学生，在否定的时候，一定要保留“着”，试比较：

1 窗前没有放着花瓶。
2 窗前没有放花瓶。

“着”也不可以跟“了”同时使用。不可以说“窗关着了”，是“窗关着”。

因材施教

除了在教学建议中的“任务型教学法”外，老师可以让学生把故事改做一个角色扮演，但是一定要用文中的词句。这样可以照顾一些有表演天分的学生。

参考答案

1 警察局　　2 星期一
3 有意思　　4 字条
5 银行（职员）　　6 六千五百多块
7 报警

考试练习题

参考答案

1 C　　2 B　　3 A　　4 C　　5 B

练习册答案

练习一、

1 to apply for a visa (bàn qiān zhèng)
2 document (wén jiàn)
3 note (zì tiáo)
4 airline (háng kōng)
5 wait a moment (děng yí xià)
6 staff member (zhí yuán)
7 thief (xiǎo tōu)
8 software (ruǎn jiàn)

练习二、

1 明信片、邮票、邮包、信、信封
2 存钱、换钱、申请

练习三、

1 都 2 也 3 都 4 都 5 都
6 也／都 7 也 8 也 9 都 10 也

练习四、

1 张 2 本 3 张 4 本 5 张
6 封 7 封 8 张 9 张 10 张

练习五、

2 I like listening to music while doing homework.
3 I like sitting down to have lunch.
4 We are going to the restaurant because it is still open.
5 You should hold your passport at customs.
6 My younger sister is crying and she says she has lost 10 dollars.

练习六、

2 我的学校除了中文以外，还有英文和德语。
3 去上海除了可以坐飞机以外，还可以坐火车。
4 香港的夏天除了会下雨以外，还会很热。
5 李夏除了会打篮球以外，还会踢足球。

练习七、

2 除了李夏以外，我们都喜欢画画儿。
3 除了陈老师以外，这里的中文老师都不喜欢看电影。
4 除了他一个人以外，这一班的中文都不好。
5 除了这个城市以外，这个国家很多地方都会下雪。

练习八、

1 我叫王小明。 2 我是英国人。
3 我要学中文。 4 一年。
5 填了。 6 英国。
7 五枚。 8 三本小说。
9 去游泳池。 10 没有，谢谢！

练习九、

1 a 旅游可以看看世界
b 可以认识新朋友
2 美国
3 美国大使馆
4 填写很多文件
5 不会丢了现金
6 信用卡
7 酒店

工作与职业规划
D The world of work

工作经验
18 Work experience

学习目标

本单元你会：

- 重温跟工作有关的词语
- 阅读一篇与工作经历有关的日记
- 聆听一段讲述工作内容的对话
- 回答有关工作经历的问题
- 叙述工作经历

你还会学到：

- 助动词，比如“应该”
- 介词（2）：跟、给
- 约数，比如“三、四”

单元介绍

很多国际学校都会安排学生做实习，有的是一个星期，有的是两个星期，有的是利用暑假的时间做。这单元是“工作”的第一课，很多词语都是学生在 IGCSE 前学过的，所以课文开始前有不少热身活动，让他们温故知新。

虽然有很多学生会觉得这一课很有共鸣，会有很多的经验写在作文中，但同时作者也知道有部分学校的学生还没有这些经验。因此，作者在设计时，介绍了“王天生”这个人物，学生在写作或回答问题时，都是以这个人物的角度来写。这避免了学生没有经验这个难处。

语法方面比较容易掌握。学生有可能觉得难的是“助动词”，但是这个概念在英文中也存在（auxiliary verbs），用法也是非常的相似。学生不难理解“跟”和“给”，但是语序不一定正确，老师应该多加注意。

一　温故知新

教学建议

学生在 IGCSE 前应学过这些生词，所以这两个活动真的是“温故知新”。要达到这个目的，听完录音后老师应提醒学生，每一课之间都是有联系的。比如这个活动中，工作与“爱好”、“生病”、“科目”等有关系。

听力录音 CD02, Track 06

2 我在医院工作。我和医生一起工作。我帮病人量体温。

3 我在学校工作。我的学生很爱我。

4 我以前是体育老师。现在我的工作是踢足球，参加足球比赛。

5 我拍了不少电影。我最喜欢演戏。

6 我常常做实验。我最喜欢化学、生物。

参考答案

一、

B6, C3, D2, E4, F5

二、

1 小蓝　2 小红　3 小蓝　4 小绿

二 阅读（一）

因材施教

老师可以把学生分为三组，每一个组分别看一个自然段。这篇文章有三个重点：

本来的假期计划（第 1 段）	工作前的准备（第 2 段）	实习工作（第 3 段）

每一段学生可以用关键词、短语把文章的重点带出来，然后在课上用口头形式做报告。

另外，对于能力比较高，又有实习经验的学生来说，他们可以比较一下他们和王天生的工作性质。比如在文中王天生提及他要接电话，那么学生又有什么工作呢？活动的目的是让学生多说话，提高口语能力，同时活动是要先阅读，清楚文意后才回答问题，所以如果老师可以把学生的能力提升到这个层次，对他们的整体的语文能力会大大提高。

参考答案

1 B　2 C　3 A　4 C　5 B

三 听力（一）

听力录音 CD02, Track 08

1 王天生：刘一红你好！
刘一红：王天生你好！
王天生：我放寒假的时候，爸爸要我去做实习。
刘一红：我妈妈也要我到她的学校工作。

2 王天生：我要接电话，还要用英文写东西。
刘一红：我要给学生的爸爸妈妈打电话。

3 王天生：我上班前要去理发。
刘一红：我也是！

4 王天生：我本来在假期时要玩电脑游戏。
刘一红：我不喜欢电脑游戏，我本来要看小说。

5 王天生：我每天走路上班。
刘一红：我每天坐地铁上班。

参考答案

1 B　2 A　3 C　4 C　5 B

四 阅读（二）

语法

Auxiliary verbs e.g. 应该、准

正如在"单元介绍"所说，助动词的概念不难掌握，因为英文也有相似的概念。要提醒学生一句，就是"想"和"要"在中文中都是一字多义的字，学生要根据语境，辨认助动词的意思。

参考答案

1 是　2 非　3 非　4 是　5 是

语法、

1 必须：上班必须准时。
2 不用：不用说，我有点儿不开心。
3 不准：不准在上班时看杂志。
4 能：能说英文。
5 想：我想跟爸爸说。
6 需要：我需要接电话。
7 要：我要向其中一个经理学习。
8 应该：我应该继续努力。
9 愿意：你愿意加班的话。

五 听力（二）

教学建议

虽然活动看起来很简单，但是很多答案都是学生看了题目后不能猜的，要他们听录音后，把答案找出来。

听力录音 CD02, Track 10

马　明：刘一红，你在寒假时去了哪里实习？
刘一红：我去了一个学校实习。
马　明：你做了什么？
刘一红：我每天先给学生量体温，发烧的学生不能上学，我要给他们的爸爸妈妈打电话。
马　明：除了量体温以外，还有什么？
刘一红：我还教学生英文，午饭之后我跟他们一起做游戏。
马　明：你最喜欢的是哪一个？
刘一红：我最喜欢教英文。
马　明：为什么？
刘一红：因为教英文很好玩儿。他们能一边学英文，一边画画。
马　明：你以后想做英文老师吗？
刘一红：不想，我希望以后当秘书。

参考答案

1 发烧的学生
2 教英文、跟学生做游戏
3 很好玩儿、学生们能一边学英文，一边画画
4 秘书

六 阅读（三）

教学建议

承接之前的阅读、听力活动，这是一篇王天生的演讲稿。设计活动背后的原因是，这样除了有故事性外，重复的东西都可以帮学生熟悉词语、句型，一举两得。

教学前可以让学生分组阅读，并以演讲的语气把文章朗读出来。虽然演讲对这阶段的学生来说比较难，但是他们平时也有周会，应该对一个比较正式的语气有些许概念。

参考答案

延伸活动、

敢（我敢说）；想（想放假）；希望（希望我毕业之后再回来工作）

一、

1 很有意思
2 因为放假的时候可以去玩儿
3 接电话、写新闻
4 演员，因为他喜欢演戏

二、

1 错　2 错　3 错　4 对　5 错
6 错　7 错

三、

1 毕业　2 差不多　3 别
4 计划、试、试

七　说话

参考答案

1 中学五年级
2 爸爸的公司
3 一个星期
4 我要做接电话、写新闻等工作
5 演员

八　写作

参考答案

一、

老师、医生、护士、工程师、商人

二、

我的工作经验

我在寒假的时候，到爸爸的公司实习了一个星期。我爸爸跟我说，寒假时试一试工作，会对我的将来好。

第一天我要接电话，因为我是国际学校的学生，所以能说英文，也能说中文，所有客人都很喜欢我。第二天我用英文给公司写了一篇新闻。我很喜欢我的工作。大家都觉得我的新闻写得很好，大家都觉得我不懒，我很高兴。

爸爸公司的职员都觉得我的工作很好。他们希望我毕业之后可以再回来工作。我现在还没有计划，我决定先好好的读书，未来再决定。我喜欢演戏，所以也可以当演员。

练习册答案

练习一、

1 必须 (bì xū)	2 不用 (bù yòng)	3 不准 (bù zhǔn)	4 敢 (gǎn)
5 能 (néng)	6 希望 (xī wàng)	7 需要 (xū yào)	8 应该 (yīng gāi)
9 愿意 (yuàn yì)	10 计划 (jì huà)		

练习二、

1 跟	2 给	3 给	4 跟	5 跟
6 跟	7 给	8 给	9 给	10 给

练习三、

1 这里有三四个人。
2 我们会在北京呆一两天。
3 我们老师昨天喝了两三杯咖啡。
4 我等了你五六分钟。
5 王先生的女儿应该有五六岁。

练习四、

1 E	2 C	3 G	4 D	5 A
6 F	7 B			

练习五、

1 安排	2 继续	3 理发
4 结束	5 公司	6 放假
7 本来	8 年轻人	9 按照
10 满意	11 当然	12 决定

练习六、

1 安排	2 大概	3 地点	4 必须
5 说话人	6 希望	7 满意	8 不一定

练习七、

（练习可能比考试文章稍长一点儿，请老师注意。）

1 （在这个寒假去了妈妈的学校工作，）学到了很多东西。
2 去玩儿
3 学习东西
4 帮小朋友量体温
5 刘一红要给发烧小孩的爸爸妈妈打电话。
6 学英文
7 老师
8 国际公司

工作与职业规划
D The world of work

申请工作
19 Applying for a job

学习目标

本单元你会：

- 学习如何以中文申请工作
- 阅读招聘广告
- 理解面试的问题，并作出回应
- 以中文填写工作申请表
- 书写求职信

你还会学到：

- 序数词：第……
- 句型：用……来……
- 句型：不但……而且……

单元介绍

单元十九是有关申请工作。在阅读部分，学生会学习阅读招聘广告。透过模拟的工作面试学生可以练习口语。最后在写作方面，学生会尝试填写申请表和撰写履历表、求职信。

另外，本单元会重点练习“不但……而且……”这个常用的句型。

一 温故知新

教学建议

温故知新的搭配活动可以帮助学生重温他们学过的职业名称。在重温职业名称后，进一步复习与该职业有关的工作地点。因为每个国家的工作种类、制服及工作场所可能有所不同，老师可能要另找一些更容易被当地学生辨认的照片以进行这个热身活动。

因材施教

老师可以准备两组不同的照片，一组用作全班的热身活动，另一组用作延伸活动。老师也可以安排学生回家上网查找自己喜欢的职业，第二天把照片带回课堂跟同学分享或进行“谁的理想职业”竞猜游戏或职业倾向调查。

参考答案

1 E　**2** D　**3** B　**4** C　**5** A

二　听力（一）

教学建议

这部分的听力练习是通过聆听几个句子，重温一些职业或工作地点的名称。如有需要，老师可以先让学生朗读及解释题目中的所有词语。

> **听力录音 CD02, Track 12**
>
> 你将听到几个中文句子，在括号内填上唯一正确的答案。
>
> 1 我想在餐厅工作。
> 2 我会到学校当校长。
> 3 我的爸爸是理发师，在理发店工作。
> 4 我的妈妈是售货员，在服装店工作。
> 5 我的叔叔是护士，在医院工作。

参考答案

1 C　**2** C　**3** A　**4** D　**5** D

三　阅读（一）

教学建议

本阅读理解练习是根据文章的内容回答有关暑期工广告的题目。此练习跟后面的听力和说话训练有关，所以学生在完成本单元的不同练习后，会对申请工作的流程有一个初步的了解。老师宜在开始前让学生看一些主题公园的照片，让他们大概了解广告中工作的性质，这有助对内容的理解。

另外，本练习会重点学习如何使用“不但……而且……”和“用……来……”等句型。

> **练习册**
>
> 提醒学生，在练习册单元十九的练习七可以再次练习“不但……，而且……”句型，以加强巩固。

参考答案

一、

1 G　**2** C　**3** F　**4** A　**5** D
6 B　**7** E

二、

1 五个
2 扮演不同的卡通人物与客人合照，让客人开心
3 服务别人的方法
4 十六岁以上
5 没有
6 友好，喜欢跟客人说话
7 主题公园免费入场、主题公园购物打折
8 可以将求职信及详细履历寄给主题乐园黄经理，或发电子邮件到 jobapplication@themepark.com，或在网站申请。
9 合适的申请人
10 马上上班

三、

1 唯一　**2** 第一　**3** 教育
4 业余　**5** 比赛

四　说话（一）

教学建议

这一活动的设计是模仿口语考试中的“角色扮演”，学生可以两人一组，让学生一人做“经理”，一人做“考生”，然后互相问对方。老师也可以跟学生一起看题目，要学生自己找出每一题的疑问词（question word）。

> **因材施教**
>
> 面对较弱的学生，老师可以为他们修改情景，尽可能找一些学生熟悉的职业与工作环境，以降低难度。甚至可以叫学生自行修改身份与情景，方便练习。

参考答案

1 服务员
2 因为我喜欢服务客人
3 我曾经在日本学习
4 没有，这是我第一次申请工作
5 没有

五 阅读（二）

教学建议

学生需要先阅读网站申请表里的资料，然后回答问题。老师可以先准备一份空白的表格让学生填写，这样既可以复习一些学过的词语，又可以预先准备可能会看到的内容。

参考答案

1 开心法国餐厅厨师
2 马小明
3 1986 年 6 月 21 日
4 广州
5 广州光明大道 100 号光明大厦 3 楼 305 室
6 广州市第一中学高中毕业和上海厨师学校毕业
7 有十年工作经验
8 美味法国餐厅和巴黎法国餐厅

六 听力（三）

教学建议

学生在完成阅读理解练习后对申请表上的项目应该已有一定的认识。建议老师最好在同一课堂里完成阅读与听力练习，这有助加深记忆及加强学习效果。

听力录音 CD02, Track 16

我的名字是李国华，我是男性。我在一九八四年十一月十三日出生。今年三十二岁。我的出生地点是西安。我的电话号码是（86）13013000130。我住在南京快乐大道 9 号爱心大厦 7 楼 703 室。我没有用电子邮件。二零零零年我在南京市第一中学毕业，四年后在西安大学毕业。毕业后在阳光法国餐厅做厨师。

参考答案

1 李国华	2 先生	3 男
4 1984	5 三十二岁	6 西安
7 南京	8 没有	9 2000 年
10 西安大学	11 阳光	

七 说话（二）

教学建议

这说话训练分为两部分，首先是朗读一段工作面试时的自我介绍。第二部分是基于题目的内容把自己的资料填在横线上。也就是说，学生只要做填充，完成一段简单的自我介绍。

参考答案

二、

1 餐厅	2 厨师	3 食物	4 做饭
5 开朗	6 我喜欢笑	7 高中	
8 常常在家做饭			

八 写作

教学建议

本单元的写作练习主要分为两部分，分别是撰写求职信和履历表。老师最好先引导学生去想想求职信里应该具备什么内容。另外，万一得到公司的垂青，希望公司透过什么方式来跟你联系等等。至于履历表部分，由于学生大多是没有工作经验，所以老师可以提醒他们在校内课外活动中所担任的职位也可以填上。

参考答案

一、

姓名、地址、电话号码、年龄、出生日期

二、

经理：

我在网页上看到你们餐厅请服务员，我很感兴趣，因为你们的餐厅很有名，是工作的“快乐大家庭”。我今年 18 岁，刚从北京中学毕业。希望有机会参加工作面试，我的电话是（86）13713713777，谢谢。

陈华 上
七月三日

三、

1 高明
2 1994年6月7日
3 天津
4 (86) 13999099289
5 天津文明大道10号文明大厦3楼302室
6 gaoming@china.com
7 2012
8 天津第一中学毕业
9 2016
10 天津大学文学系毕业
11 2015–2016学生会会长
12 看书、听音乐
13 2016–2017星星图书公司编辑

练习册答案

练习一、

1 例如　2 考生　3 合适
4 年龄　5 地点

练习二、

1 C　2 B　3 A

练习三、

1 性别　2 出生日期　3 出生
4 电话号码　5 电子邮件　6 第一
7 业余

练习四、

1 第　2 用　3 但，且　4 申　5 纪
6 小　7 址　8 另　9 般　10 懂

练习五、

1 D　2 A　3 C　4 E　5 F　6 B

练习六、

2 妈妈喜欢用手机来聊天。
3 哥哥爱用电脑来玩游戏。
4 老师用书本来教学生。
5 我用水来洗衣服。

练习七、

2 明天不但下雨，而且会打雷。
3 蔬菜不但有营养，而且很健康。
4 我不但喜欢唱歌，而且喜欢跳舞。
5 妹妹不但爱吃冰淇淋，而且喜欢吃巧克力。

练习八、

李经理：

我在《中国日报》上看到你们公司招聘经理，我很感兴趣，因为你们的公司很有名。我从北京大学毕业，在上海金龙公司工作了十年，经验丰富。

希望有机会参加你们公司的面试，我的电话是(86) 13789064531，谢谢。

陈华 上
六月三日

练习九、

六月二十日　晴

今早起床第一件事就是去主题公园面试，因为我申请了舞蹈员的工作。他们不但问我从什么时候开始跳舞，而且问我为什么喜欢跳舞，还有为什么想在他们的主题乐园工作。他们要我用汉语回答，我觉得很难，常常忘记要说什么。希望下一次表现会好一点。

工作与职业规划
D The world of work

未来学业和职业规划
20 Future education and career plans

学习目标

本单元你会：
- 阅读一篇介绍校友的文章
- 阅读两个学生谈论未来学业规划的文章
- 聆听有关理想职业的对话
- 以角色扮演的方式回答未来职业规划的问题
- 写一写你未来的计划

你还会学到：
- 副词短语：小孩子走得很慢
- 量词：家、所
- 附加疑问句：好不好？是不是？

单元介绍

很多老师面对这一章节，觉得课题太广，很难与学生探讨。其实，这一课可以分三个部分，老师应循序渐进地教。第一个部分是学生明年要学习的科目，第二是他们上不上大学，在大学上什么课，最后一个是他们未来的工作。所以作者在设计活动时，也是按照这个安排去写。前三分之一是第一部分，随后是第二部分，如此类推。

学生对这一课的语法掌握应该很有信心，不过要提醒学生，由于现在讲的都是跟未来有关的事情，所以必须用与未来有关的词语，比如"我会……"、"我打算……"等等。

一 温故知新

听力录音 CD02, Track 18

你将听到几个中文句子，请用中文或拼音回答问题。

1 小明明年要学习中文。
2 姐姐在大学学美术。
3 我要到美国的大学学历史。
4 红红将来想做一个老师。
5 我的朋友喜欢踢足球和打篮球。他以后要当一个运动员。

参考答案

1 中文　2 美术　3 美国
4 老师　5 运动员

二　阅读（一）

参考答案

一、

1 职业　2 挣　3 作家　4 国外

二、

1 是　2 非　3 非　4 非　5 非

三　听力（一）

教学建议

对于很多学生来说，听力都不容易，所以老师必须要教他们学会听关键词。这五句都有直接提及工作的名字，而前后都有工作的描述，所以老师面对能力稍差的学生，可以稍作指导。

听力录音 CD02, Track 20

1 我叫张冰冰，最爱旅行。我以后要当航空服务员，这样就可以去不同的国家了。
2 我叫刘红，我最喜欢艺术，特别是画画儿。我将来要做一个画家。
3 我叫吴小刚。我爸爸是一个商人，我想成为一个会计师，在他的公司工作。
4 我叫马力，邮局在我家的附近，我将来要在那儿工作，给邻居送邮件。
5 我叫王晶晶。我哥哥、姐姐都是警察，但是我要成为律师。

参考答案

一、

1 E　2 C　3 D　4 B　5 A　6 F
7 H　8 G

二、

1 A　2 C　3 D　4 F　5 H

四　说话（一）

参考答案

1 我今年十五岁。
2 我将来想做老师。
3 因为我喜欢小朋友。
4 我想在英国读大学。
5 英国常常下雨。

五　阅读（二）

因材施教

面对能力比较弱或者积极性不高的学生，老师不妨把活动变成填表的形式，简化学生对大量信息的处理。老师可以设计一个如下的表格：

毕业年份：________________

名字：________________

学习科目：________________

大学地点：________________

学生在第十九课已经用过填表的方式，对此应该不会太陌生。

参考答案

1 2004　2 非洲　3 很用功
4 香港　5 可以比较两个地方的文化
6 治疗了不少的病人
7 他希望以后能在大学教书，当一位教授
8 在一次非洲拍照时认识的

六　阅读（三）

教学建议

作者设计的这一段对话，应该能引起学生的共鸣。很多学生的选课，都是由家长来决定的。而且选课的这个话题，很多学生都有很多意见，也是平常朋友聊天的共同话题之一。

语言方面，这篇范文用了很多以前学过的句型，如“因为”、“如果”，学生也可以通过阅读这篇范文加深他们对这些句型运用的印象。

教学时可以先让学生两人一组做角色扮演，然后老师带读，最后一起做选择题。这一篇的答案不好找，因为答案选项不是跟原文一样的，要真正的融会贯通，才能找出答案。

参考答案

1 A　**2** C　**3** C　**4** C　**5** A

七　说话（二）

（略）

八　听力（二）

听力录音 CD02, Track 23

黄　雪：张老师，您好。
张老师：黄雪，你好。你要问我在美国读书的事。对不对？
黄　雪：对，老师。我可以问您几个问题吗？
张老师：可以。
黄　雪：您当时为什么去美国读书？
张老师：因为我当时的英文不好，想说好英文，所以去了美国的纽约。
黄　雪：您在美国学习美术。您觉得在国外读书好吗？
张老师：我交到了很多喜欢美术的好朋友。
黄　雪：还有呢？
张老师：我去了很多很有名的博物馆，这都是在中国做不到的。
黄　雪：明年我想学习美术。不过爸爸妈妈不同意，我应该怎么办？
张老师：你爸爸妈妈看过你的画吗？
黄　雪：没有。
张老师：你画画儿很漂亮，你应该先给他们看一看，他们一定喜欢。好不好？
黄　雪：好，老师您说得很对。
张老师：那你想去哪里念书？
黄　雪：我最想去法国读书，但也想去英国。英国也有很多美术馆，对我画画也很好。
张老师：看来你已经想得很好了。对不对？
黄　雪：对，我真的很喜欢美术。

参考答案

1 问老师在美国读书的事
2 想说好英文
3 交到了（很多喜欢美术的）好朋友；去了（很多很有名的）博物馆。
4 黄雪的画
5 （英国也）有（很多）美术馆

九　写作

参考答案

张老师：

您好。

我明年要学习中文、英文、数学、化学、历史和美术。我选择了中文，因为我很喜欢语言。我以后要到国外工作，所以我一定要学好英文。如果英文说得好，可以交到很多新朋友。我也喜欢画画儿，美术是我最喜欢的科目之一。

我准备到国外上大学。我自己很喜欢英国的大学，我希望可以在英国读医科，以后成为一个有爱心的医生。要读医科的话，一定要在中学学习化学。我的化学老师说我读得不错，考试应该没有问题。爸爸妈妈也同意我的选择，因为我的叔叔是一位医生，他们觉得医生是一个很不错的职业。

谢谢老师。

学生　李小云　上
三月二十日

考试练习题

听力录音 CD02, Track 24

王　红：您好，我是上海中学的记者，我叫王红。
陈一心：王红，您好，我是新闻记者陈一心。
王　红：我正在写一篇关于未来计划的文章。您为什么要做新闻记者？
陈一心：大学时，我喜欢写东西，所以成为了新闻记者。
王　红：您的爸妈同意吗？
陈一心：他们觉得我应该找一份挣钱的工作。不过我自己喜欢写东西，所以他们也同意了。
……
王　红：我知道您在国外读过书。您为什么要来中国呢？
陈一心：我的中文很好，也喜欢吃中国菜。
王　红：在中国有什么有趣的事情？
陈一心：我在上海的迪士尼当过演员，很多人找我拍照呢。
王　红：好，谢谢您。
陈一心：不用谢。

参考答案

1 （喜欢）写东西
2 挣钱的工作
3 中文很好、（喜欢吃）中国菜
4 （当过）演员／很多人跟他拍照

练习册答案

练习一、

1 同意　2 办理　3 念书　4 目前　5 治疗
6 拍照　7 兽医　8 挣钱　9 国外　10 根据

练习二、

1 家　2 所　3 所　4 家　5 家　6 所

练习三、

2 C　3 B　4 A　5 D　6 F　7 G

练习四、

1 老师
2 英国
3 因为那里的人很友好
4 坐飞机
5 因为我很喜欢小朋友
6 美国
7 美国的气候很好
8 可以学英文
9 英文
10 因为我喜欢看英文小说。

练习五、

2 H　3 A　4 E　5 G　6 F
7 D　8 B

练习六、

1 妹妹在我家住了三天。
2 她是一个中国人，但是住在法国。
3 老师在比赛中跑得很慢。
4 你会在这儿住几天？
5 他在马来西亚学德语学了三年。
6 我去年去了法国，是不是？

练习七、

1 B　2 C　3 C　4 A　5 C

练习八、

亲爱的小天：

你好！很久不见，你最近怎么样？我现在在一所中学读书，有中文、英文、数学、科学、历史等等的科目，我很喜欢我的学校。

我明年要学习三门外语，我会学中文、日语和西班牙语。我的爸爸是一个中国人，爸爸说我以后要到中国做商人。如果我不会讲中文的话，就很难去挣钱。我妈妈是一个日本人，我想学好日语，跟外祖父说话。

我以后要去西班牙读大学，所以西班牙语很有用。我对西班牙语的小说很感兴趣，我希望在那儿读西班牙语。妈妈希望我在英国读法律，以后当律师，但是我不喜欢。

我以后要在一所中学当西班牙语老师，我希望可以在美国工作，因为我很喜欢那儿的环境，我觉得美国人都很友好。

你准备上大学吗？请给我回信。谢谢。

你的朋友　马田　上

国际视野
E International world

采访名人
21 Interviewing Chinese celebrities

学习目标

本单元你会：

- 学习有关采访中国名人的词语
- 聆听名人的采访
- 阅读有关名人健康生活的对话
- 谈谈名人的外表
- 写信分享跟名人见面的经历

你还会学到：

- 比较句型：像……一样、跟……一样
- 句型："被"结构

单元介绍

学生会在这单元中认识到一些中国名人，包括导演李安和电影明星李小龙等等。中国名人众多，老师可额外介绍当地的中国名人，以增加亲切感。除此以外，在文化部分也会介绍一些古代名人，如万世师表孔子、名医华佗。

一　温故知新

教学建议

第一个活动是作为热身的图片竞猜游戏。在游戏开始时，老师可以先问问学生认识哪一些中国名人。老师也可以因应所在的城市与地区更换不同的名人照片。

活动二：老师可以先介绍一些学生可能已听过的中国名人名字，如姚明、李小龙、林书豪等等。教科书中的回答是可以被替换的。内容方面分为三部分：1. 最喜欢的名人是谁；2. 是哪国人；3. 为什么欣赏他／她。在介绍完下面的对话内容与句型后，老师可以让学生分成两人一组，谈谈自己欣赏的中国名人。

因材施教

活动一：面对能力较低的学生，老师先让他们学会如何拼读和书写名人的名字；面对能力较高的学生，要求他们说出并写出一到两件有关此名人的事或资料，例如形容该名人的外貌、家庭、职业、爱好、居住国家等。如果学生的表达能力高，可以让学生们进行名人竞猜游戏，指示学生只提供有关名人的资料，让其他同学猜出名字。

活动二：学生可能需要一些有关该名人的资料或中文译名，老师可让学生在网上查找不同名人的资料，这样即使程度较低的学生也可以找到可交流的内容。

参考答案

一、

1 成龙　　2 姚明　　3 郎朗

二　听力（一）

教学建议

这部分的听力练习是通过聆听几个句子，认识一些中国名人以及他们的职业。

听力录音 CD02, Track 25

1 孔子是老师。
2 成龙喜欢拍电影。
3 英国作家罗琳出版了一本书叫《哈利波特》。
4 华佗会用草药治疗病人。
5 南丁格尔是一个护士。
6 林书豪会打篮球。

因材施教

如果学生的程度较低，建议老师在做听力活动之前，先跟学生带读并解释"答案"的意思，让学生先熟悉录音中会出现的词语。

参考答案

1 B　　2 A　　3 C　　4 D　　5 B

三　阅读（一）

教学建议

本阅读理解练习将要介绍的人物是导演李安，文章的内容会提到他的生平和在电影方面的成就。除了阅读理解的题目外，本部分还设计了简短的影评填空练习。

练习册

在练习册中的练习四是"被"句子改写，学生需要再次练习有关句型以作巩固。

延伸活动

如果学生的能力较高，可以让学生模仿例子尝试撰写一些影评。老师收集后，把电影名字遮盖，然后张贴出来，让其他学生去猜到底是哪一部电影的影评。

参考答案

一、

1 1954　　2 台湾　　3 导演
4 美国　　5 大学　　6 1983
7《理智与情感》　　8 第一个

二、

1 认为　　2 空儿　　3 也许　　4 一会儿
5 一点儿　　6 印象　　7 紧张

四　听力（二）

教学建议

本听力练习是以电台节目主持人的身份介绍已故武打巨星李小龙。老师可以播放一些李小龙的电影片段或照片，以引起学生的兴趣。老师也可以叫学生为李小龙任何一部电影画一张电影海报，并做简单的介绍。

听力录音 CD02, Track 27

节目主持人马运：大家好！我是节目主持人马运，今天让我来介绍一下这位国际著名的华人演员吧！1940 年他在美国出生，但在香港长大，所以他说香港才是他的家乡。他在香港的时候运气很好，得到很多可以拍电影的机会。1959 年，18 岁的他到美国留学。留学时，他拍了很多美国的电视剧。

因为非常喜欢香港，所以在 1970 年他回到香港做演员，他在武术电影《唐山大兄》中的演出非常好，成为当时最受欢迎的演员。后来他被邀请拍更多武术的电影。他很喜欢吃中国菜，他最喜欢的中国菜是酱油炒肉。他不懂骑单车和游泳。你知道这位国际著名的华人演员是谁吗？这位是李小龙。

参考答案

1 B　2 A　3 B　4 A　5 A　6 B

五　阅读（二）

教学建议

本阅读理解练习是以书信的形式分享一次参观蜡像馆的经历。除了中国的名人李小龙外，也有提及西方作者罗琳。老师可以先问问班上有多少学生参观过蜡像馆，他们看到了哪些蜡像，对哪一个蜡像的印象最深刻。完成简单的分享后才开始下面的练习。

参考答案

1 C　2 B　3 B　4 C　5 C

六　阅读（三）

教学建议

本阅读理解练习的内容是男演员接受节目主持人的访问，大谈他的良好生活习惯及对看中医的看法。在开始教授前可先调查一下学生看中医的情况，让他们分享一下经验。

参考答案

1 谈话　2 迟　3 接　4 请客
5 无所谓　6 关系　7 名片　8 转告

七　说话

教学建议

这一活动的设计是模仿口语考试中的"角色扮演"，学生可以两人一组，让学生一人做"你"，一人做"老师"，然后互相问对方。老师也可以跟学生一起看题目，要学生自己找出每一题的疑问词（question word）。

因材施教

面对较弱的学生，老师可以先跟学生一起看情景，叫学生去预测一下在这样的情景中（在咖啡厅）对方有可能问自己什么问题。

参考答案

一、

1 贝克汉姆（David Beckham）
2 英国人
3 41 岁
4 踢足球
5 喜欢，因为他踢足球踢得很好

二、

我最喜欢的名人是英国的歌星爱黛儿（Adele）。她 1988 年 5 月 5 日在英国伦敦出生，她有一个三岁的孩子。她性格友好，所以她有很多朋友。她唱歌唱得非常好，拿了很多音乐奖，所以她在全世界都很有名。她最有名的歌是 007 电影里的歌和她最新的歌叫《你好》（Hello）。我每天都会在家里练习唱这首歌。希望有一天我唱歌可以跟她一样好。

八　写作

教学建议

第一题是要学生联想出答案，如果学生想不出有关的词语，老师可以展示一些照片，让学生从照片中找提示。第二题是填空，完成这练习后就会出现一段文字，这可作为写作的练习。

参考答案

一、

1 姚明　2 成龙　3 李小龙
4 爱黛儿　5 贝克汉姆

三、

明明表妹：

你好！收到你的信我非常高兴。

我下个月可以来看你，到时候我们一起去蜡像馆吧！

我想告诉你今天我在酒店门口看见了一个名人，她是美国歌星麦当娜（Madonna），她来中国唱歌。我跟她说我十分喜欢她的歌，她很开心地说“谢谢”。她还告诉我说她喜欢吃中国菜。我跟她拍了很多照片。我觉得她非常友好，我十分喜欢她，希望以后有机会再看到她。

你去旅行吧！我可以帮你照顾小猫，你不用担心。

祝

好！

康康表哥

12 月 10 日

练习册答案

练习一、

1 C 2 B 3 D 4 D 5 A

练习二、

1 C 2 A 3 B 4 E 5 D

练习三、

1 不见了 2 像……一样 3 热闹
4 人山人海 5 可爱、酷 6 邀请 7 吧

练习四、

(一)

1 我的牛奶被小猫喝了。
2 病中的弟弟被妈妈照顾。
3 我的结婚蛋糕被爸爸吃了。

(二)

1 爷爷疼爱我 2 哥哥骑走了他的单车
3 中药用草药来做

练习五、

1 成 2 迎 3 张 4 性 5 名
6 迟 7 没 8 侨 9 诉 10 请

练习六、

(成龙是很多中国人都认识的武打明星，练习册中的文章帮助学生更了解这个人物。虽然学生会觉得有些词语比较难，但都是课本里的“补充词语”，学生做练习时不妨加以参考。)

1 陈港生 2 香港 3 学习功夫
4 可以拍电影 5 拍了两部功夫电影
6《红番区》 7 韩国 8 第一位
9 因为自己总算努力过
10 因为他有永不放弃的精神

练习七、

一月六日 星期一 晴天

今天真是幸运的一天！真没想到会在放学回家时，香港著名影星成龙被我在街上遇到在拍戏。他当时正在拍一部功夫片，我非常高兴！

我走上前跟他说我很喜欢他的电影，也很喜欢听他的歌，他也很高兴。他非常友善，还主动跟我拍照。我想问他拿签名，但是他太忙了，下次吧！

回家后我把我们的照片放在社交网站上，朋友们看到后都非常羡慕。

希望将来我可以像成龙一样做一位出色的演员。

国际视野
E International world

科技与社交媒体
22 Technology and social media

学习目标

本单元你会：

- 学习有关互联网和科技的词语
- 聆听有关去网吧的对话
- 阅读有关社交媒体的文章
- 谈谈上网的好处与坏处
- 写日记和信去表达使用互联网的意见

你还会学到：

- 名词修饰
- 句型：尽管……还……

单元介绍

现在的学生基本上每天都有机会接触电脑或互联网，因此第二十二课主要是介绍互联网与科技。在聆听部分，学生将会听到朋友相约去网吧。本单元也会介绍受欢迎的社交媒体（Facebook）及其创始人。聆听练习二、阅读练习二和写作练习都是有关青少年过度沉迷使用互联网。最后会让学生透过书信的形式谈谈使用互联网的利与弊。本单元内容虽然没有在考试大纲中直接提及，但也是考试的热门题目之一。

教学建议

在进行温故知新活动一前，老师不妨调查一下学生们使用互联网的情况，如：每天花多长时间上网、会在网上做什么、经常浏览哪些网站等等，学生一般都乐意分享。

因材施教

面对较弱的学生，老师可以先把温故知新活动一内的词语写在白板上并加以解释。如果学生已掌握这些词语，老师可以再做深入的提问，问问学生喜欢在网上下载什么软件，什么音乐，什么电影，等等。

一　温故知新

参考答案

延伸活动、

搜集资料、看新闻

二、

1 是　**2** 是　**3** 非　**4** 非　**5** 非

二 听力（一）

教学建议

老师先展示一些网吧的照片，看看学生是否对网吧有认识。在完成此听力练习后，老师可以引导学生讨论去网吧的利与弊，为之后的写作练习做准备。

听力录音 CD02, Track 30

赵飞和朋友马俊通电话，相约到网吧见面。请听以下录音，然后用下列词组填空。

赵飞：喂！马俊，我约了两名网友到网吧见面，你也一起来吧！

马俊：你们去网吧做什么呢？

赵飞：我们打算一起上网打游戏，只要登入同一个网址的网站就可以一起玩。

马俊：网上玩的人多吗？

赵飞：挺多的，一般有几十个网民一起玩。

马俊：我现在不知道能不能来，我可不可以晚一点给你回电话？

赵飞：没问题！电话留言或发短信都可以。

参考答案

1 B　2 A　3 A　4 A　5 B

三 阅读（一）

教学建议

老师先问问学生，他们一般会用什么社交网站或媒体来跟朋友分享生活趣事，如：脸书、微博和微信等等。再跟他们讨论不同的社交网站或媒体受欢迎的原因。

因材施教

程度不高的学生可以尝试把自己常用的社交网页翻译成中文，如果学生没有社交网页，建议老师虚构一个来让学生做翻译。程度高的学生可以发挥创意，用中文设计一个社交网站的网页，最后张贴出来让学生投票。

参考答案

1 D　2 C　3 A　4 B　5 D

四 听力（二）

教学建议

先让学生猜想一下黄小明的爸爸到学校与老师谈话的内容，这样可以帮助学生预先准备有可能出现的对话内容。

听力录音 CD02, Track 32

小明爸爸：请问陈老师在吗？

陈老师：在，请进。

小明爸爸：陈老师，您好！我是黄小明的爸爸。

陈老师：你好！黄先生，请坐。

小明爸爸：老师，我想跟您谈谈小明上网的问题。我发现他最近花很多时间来上网，没有时间做作业，所以成绩下降。我的妻子很担心，她现在病了。

陈老师：一般小明在网上做什么？

小明爸爸：看电影、听音乐、打游戏。现在电脑坏了，我不想找技术人员来修理。

陈老师：你可以跟小明谈谈这个问题，让他知道什么才是最重要的事。

小明爸爸：谢谢您的建议，我会跟小明谈一谈，让他明白学习才是最要紧的，不应该花太多时间来玩电脑，更不应该让妈妈担心。

参考答案

1 请进　2 上网　3 下降　4 技术
5 要紧

五　阅读（二）

教学建议

本阅读理解练习的内容是黄小明得知爸爸到学校见老师后写的微博，表达了他对事件的感觉与反思。老师可以借此跟学生讨论在现实生活中他们会不会也有过度沉迷使用互联网的情况，让学生也做反思。

练习册

提醒学生在练习册中练习六可以再次练习“虽然……，但是……”和“尽管……，还……”句型，以加强巩固。

参考答案

1　谈了很久
2　上网和安排时间的问题
3　玩电脑游戏、买东西、看电视电影和听音乐，甚至可以跟在外国学习的朋友们聊天
4　他每天花三个小时上网
5　周末的时候也在家里玩电脑游戏，没有跟朋友见面
6　上海

六　说话

教学建议

做活动二之前，老师可以把学生分成两组，一组准备使用互联网的好处，另一组准备使用互联网的坏处，然后两组进行讨论。在讨论的过程中要求学生用中文做笔记，在整理有用的资料后可以用做个人短讲的材料。

参考答案

一、

1　有，方便沟通　　2　看电影、听音乐
3　有，微博　　4　一个小时
5　不可以，因为妈妈会给我打电话

二、

我每天都会上网大约两个小时，我会在网上看电影，看电视，听音乐，写电子邮件和跟朋友聊天等等。上网最大的好处是可以在做作业的时候找到需要的资料，不用去图书馆，在家就可以完成作业。做完作业后，我们还可以上网看电视和电影，也可以听音乐。但是有些人会花很多时间玩电脑游戏，这样就不好，是上网的坏处。这样会没有时间做作业，有时候可能连睡觉的时间都不够，所以我们要安排好我们的时间。

七　写作

教学建议

老师让学生代入黄小明的角色，想一想当知道爸爸到学校见老师后的心情。如能在动笔写作前作讨论，学生定能发挥更佳。本单元最后会以撰写一封信作结，信中学生需要客观分析使用互联网的好与坏。

参考答案

一、

看电子邮件、看电影、听音乐、跟朋友聊天、玩电脑游戏

二、

十月十二日　雨

我最近用了很多时间来上网，连做功课的时间都没有，所以成绩也下降了。今天爸爸到学校和老师见面，我觉得很不开心。我打算以后每天只花一个小时来上网，要花更多的时间来学习，我不想妈妈再为我担心了。

三、

亲爱的力力表哥：

你好！最近怎么样？

我最近不太好，每天花很多时间来上网，成绩越来越差，爸爸要到学校跟老师见面。妈妈因为担心我而病了，我觉得很难过。

上网可以做很多东西，如看电影和听音乐等。我觉得最大的好处是可以跟朋友聊天。但是我知道上网太多会对眼睛不好，这是上网的坏处。我打算之后每

天只上网一个小时。表哥，你有没有好的建议？从这件事我学到所有事情都要适可而止。

祝

好！

表弟小明上

十月十二日

练习册答案

练习一、

1 整齐　2 要紧　3 错误　4 严重

5 下降

练习二、

（"智能手机"这个词语虽然并不在大纲当中，但已经是一个日常生活中很常见的词语，值得学生学习。）

1 自　2 虽然……但是　3 坏处

4 网站　5 正确

练习三、

1 F　2 A　3 D　4 B　5 E　6 C

练习四、

1 软　2 查　3 讲　4 广　5 子　6 妻

7 点　8 近　9 在　10 现

练习五、

1 在公司或者在家里
2 在网上玩电脑游戏
3 因为当有客人来看他时，他还是在房间里玩游戏。
4 因为他为了玩游戏，饭不吃，朋友也不要了。
5 决定要控制自己，每天只可以玩三十分钟，其他时间会用来陪他的家人。

练习六、

1 尽管父母不同意，我还是参加了。
2 尽管我不舒服，我还是去考试了。

练习七、

二月十四日　星期三　雨

最近发现我的眼睛看东西不太清楚，而且眼睛常常有很累。我的手也常常觉得疼，可能是因为我天天都玩两三个小时的电脑游戏。今晚爱人叫我吃饭我都没有吃，现在我很饿，而且觉得有点不舒服。

虽然她刚刚骂了我，我很难过，但是她说的是对的！我每天只想着玩游戏，已经没有朋友了，她想离开我也是正确的。为什么我会变成这样子？我什么都没有了！我现在知道错了，我不可以还是这样子。以后尽管我有多忙，我还是会多花点时间陪我的家人，因为家人才是最重要的，电脑游戏有空的时候再玩吧！

国际视野
E International world

中国节日
23 Chinese festivals

学习目标

本单元你会：

- 学习有关春节与中秋节的词语
- 聆听在中国庆祝春节的日记
- 阅读与家人庆祝中秋节的博客
- 谈谈你最喜爱的中国节日
- 写有关中国节日和食物的文章

你还会学到：

- 句型：也……也……
- 句型：因此……
- 句型："把"结构（2）

单元介绍

本单元旨在介绍中国各种传统节日，包括春节、中秋节和端午节等等。除了语法与句型练习外，还加入一些文化元素，如春节的禁忌，以加深学生对中国文化的了解。在阅读理解部分，更会讲到一个有关年兽的传说故事。

一　温故知新

教学建议

在做这个配对练习前，老师可以先让学生看一系列食物的图片，从图片中找出属于中国食品的照片，让学生猜猜在什么节日会吃这些食品。

因材施教

如果学生程度较弱，可以进行分组比赛，把程度不一的学生分成一组，互相提点。

练习册

老师可以利用练习册中的练习三来帮助学生重温中国有哪些节日。

参考答案

一、

1 C　**2** D　**3** A　**4** B

二、

1 非　**2** 是　**3** 是　**4** 非　**5** 是

二　听力（一）

教学建议

本听力练习要求学生利用提供的词语填写。老师可以先让学生分享一下他们的春节活动与庆祝经验，顺便重温一些跟春节有关的词语。

> **因材施教**
>
> 听力的内容分三段，如果学生程度较低，建议老师先讲解词语部分，以帮助学生更容易理解内容。

听力录音 CD02, Track 34

二月五日　　　晴

今年是我第一次到中国过春节，中国的春节跟西方的圣诞节差不多。想起来上一次到中国是在三年前参加表哥的婚礼。这个春节假期我过得很开心。在除夕晚上我和家人一起吃年夜饭。他们特别为我准备了很多食品，例如桌子转盘上有北京最有名的烤鸭。

年初一我很早就起来看到爷爷奶奶我跟他们说新年快乐，他们给我红包，因为我是儿童。爷爷和奶奶跟我说了很多中国节日的习俗。例如新年前三天禁止洗头。我觉得知道从前的人的想法是很重要的，我慢慢了解到更多中国的习俗。

明天我要回美国了，奶奶做了很多饺子给我吃，我把饺子都吃完了。经过这个假期我希望可以再来中国，可能在爷爷生日的时候我会再来中国跟他说生日快乐。

参考答案

1　圣诞节　　2　婚礼　　3　食品　　4　儿童
5　重要　　6　饺子　　7　生日快乐

三　阅读（一）

教学建议

以下的阅读理解练习的形式是博客，内容是跟中国的传统节日有关。老师可以先与学生重温微博的格式。在完成本练习后，可让学生尝试模仿下面的格式来写一个简单的微博。

参考答案

1　因为中秋节是一家团圆的日子
2　是爷爷的七十岁生日
3　点了广东菜和四川菜的名菜
4　因为不喜欢喝汤
5　爸爸给了很多小费
6　茶馆外的花园
7　一边喝茶，一边吃月饼

四　听力（二）

教学建议

练习二是一个虚构的新十二生肖故事。老师可以叫学生上网查找原本的十二生肖故事，并把中国十二生肖的代表动物与排序列出，然后再比较。

> **因材施教**
>
> 对能力较高的学生，老师可以让学生分组设计新十二生肖，并安排他们以口头报告的形式跟同学介绍，并说明选择这些动物的原因。

听力录音 CD02, Track 36

新十二生肖故事

这是一个关于新十二生肖的故事。新十二生肖跑步比赛在森林举行，所有动物和昆虫都参加了。但是比赛进行前熊猫和老鼠因为迟到，所以不能参加比赛。蛇因为天气冷要在家里睡觉。大象和牛还在家里做作业。鱼和鸭忘了那天刚好也有游泳比赛，也不能来。猴子觉得饿要回家拿香蕉。猪和羊都忘了带运动鞋。后来老虎来了，但看不见其他动物所以走了。到最后没有动物来比赛，只好保留以前的十二生肖了。

参考答案

一、

1 M　　2 L　　3 J　　4 H　　5 G
6 E　　7 I　　8 D　　9 B　　10 F
11 A　　12 C　　13 K　　14 N

二、

1 是　2 是　3 是　4 非　5 非

五　听力（三）

教学建议

本听力练习提到的食品是饺子，如果学生不认识饺子，老师可从网上找出不同形状与馅料的饺子供学生辨认。也可以调查一下学生吃饺子时喜欢用什么酱料。

听力录音 CD02, Track 37

马田：珊珊，昨晚在宴会里我吃了美味的饺子。中国的饺子真的很好吃。

珊珊：是的，中国人特别爱吃饺子。

马田：中国人吃饺子时喜欢加醋，但是我比较喜欢在勺里加酱油。有时候我会加一点点盐。

珊珊：有些中国人还会加点儿姜。

马田：你会做饺子吗？

珊珊：当然了！

马田：太好了！我请你喝咖啡吧！

珊珊：谢谢你。

马田：不谢！服务员，请给我账单。

参考答案

1 宴会　2 特别　3 勺　4 饺子　5 咖啡

六　阅读（二）

教学建议

阅读理解练习二是以故事的形式介绍传说中的年兽，由于年兽只是传说，老师可以让学生发挥创意，想象并画出年兽的模样，再跟网上找到的做比较。

参考答案

1 中国古代一种怪兽　2 每到除夕
3 伤害人　4 食物　5 最怕红色和声音

七　说话

教学建议

这一活动的设计是模仿口语考试中的“角色扮演”，学生可以两人一组，让学生一人做“你”，一人做“老师”，然后互相问对方。如果学生忘记有什么中国节日，可以参考温故知新活动二。老师也可以跟学生一起看题目，要学生自己找出每一题的疑问词（question word）。

参考答案

一、

1 英国人　2 一年　3 第一次　4 年糕
5 收红包

二、

中国的传统节日有很多，我最喜欢的是中秋节，因为中秋节可以跟家人一起吃饭。吃饭后还可以跟朋友一边吃月饼，一边玩灯笼，非常开心。我一般会跟家人和朋友庆祝这个节日。有时候去朋友的家，有时候来我的家。我们见面的时候会说：“中秋节快乐！”。我们会吃各种各样的月饼，例如：传统的月饼、巧克力月饼和冰淇淋月饼。妈妈喜欢吃冰淇淋月饼，爸爸喜欢吃传统的月饼，而我当然最喜欢吃巧克力月饼。

八　写作

参考答案

一、

红包　年糕　爆竹　舞龙　舞狮

二、

我曾经在上海庆祝中国的元宵节。我是跟中国的朋友一起庆祝的。晚上，我们去了公园看不同的花灯，还有猜灯谜，十分有意思。我想再庆祝这个节日，因为我很喜欢吃元宵节的应节食品元宵和猜灯谜。

三、

中国节日与食品

中国有很多不同的节日，例如春节、清明节、劳动节、端午节、中秋节、重阳节和国庆节等等。有些节日是有应节食品的，比如春节吃年糕；端午节吃粽子；中秋节吃月饼等等。这些食品大都不太健康，因为年糕和月饼都是甜的。现在人们越来越重视健康，所以月饼和年糕都少用糖。我最喜欢吃低糖的月饼，因为又健康又好吃。

练习册答案

练习一、

1 B　2 A　3 D　4 D　5 B

练习二、

1 鱼　2 老鼠　3 大象　4 老虎　5 牛
6 猴子　7 蛇　8 羊　9 熊猫　10 鸭
11 猪　12 虫

练习三、

1 J　2 D　3 G　4 H　5 B　6 C
7 I　8 F　9 A　10 E　11 L　12 K

练习四、

（虽然文中有些词语并非大纲词语，但是都跟中国的节日有关，值得一学，而且是课本中的补充词语，可以参考一下课本。）

1 中秋节　2 庆祝　3 应节　4 冰皮
5 最受欢迎

练习五、

（练习可能比考试文章稍长一点儿，请老师注意。）

1 汤姆
2 汤姆的爸爸妈妈
3 春节
4 一月一日
5 十五天
6 元宵节
7 红色或金色的衣服
8 除夕
9 年年有余
10 “春节好”、“新年快乐”等
11 红包
12 因为他是儿童，因此收到很多红包。

练习六、

九月二十日　星期五　阴天

今天是中国农历的八月十五，是我第一次跟中国朋友庆祝中秋节。

放学后我马上回家把衣服换好，然后到小明家里吃饭。中秋节是一个一家团聚的日子，因此家人都会从四方八面回来。这天在他家举行的中秋晚会非常热闹，不但有我这个客人，而且其他亲戚朋友也来了，连他的邻居也来了。

我们先一起吃了一顿非常美味的晚饭，接着小明的妈妈把各种各样的月饼拿出来，孩子们看到后都垂涎三尺。我最后挑了一个传统的白莲蓉月饼，月饼很甜很好吃。之后我们还一起玩灯笼到夜深。

这一天真难忘，希望明年可以再到小明家庆祝中秋节。

国际视野
E International world

学中文
24 Learning Chinese as a foreign language

学习目标

本单元你会：

- 阅读讲述"汉语热"的不同短文，如博客、杂志文章等
- 聆听跟学中文有关的对话
- 说一说、写一写你学习中文的经历

你还会学到：

- 补语词：得、不
- 主谓结构
- 句型：要是……，就……

单元介绍

学习汉语已经成为了一个世界现象，有人称之为"汉语热"。学习汉语一直给人一种困难的感觉，很多人觉得学汉语很难，而且学习的方法不太有趣。这一课除了帮助学生提高对这一主题的认识以外，还想给学生多鼓励，指出学习汉语的方法有很多，比如听流行音乐（"温故知新"）、唱歌（"阅读（二）"）等等。还有现在中国有很多留学生，留学生都希望可以在中国居住，提升自己语文能力。很多人也参加《汉语桥》比赛，参赛者都是外国人，他们的中文能力也是非常高，老师不妨给学生多看看成功的例子，让他们知道，学习汉语不是遥不可及的事情。本单元内容虽然没有在考试大纲中直接提及，但也是考试的热门题目之一。

一 温故知新

教学建议

这是一个引入活动，词语很多都是学生之前学过的，比如"听流行音乐"、"看电视剧"等。学一门语言的时候，很多时候大家都忘了除了上课之外，在家里也可以看看电影、看看书来提高自己语文的能力。老师应点出这一点。另一方面，学生有些时候会有一些挺有意思的学习方法，老师让学生讨论，集思广益。

二 阅读（一）

参考答案

1 D **2** A **3** B **4** C

三 听力（一）

教学建议

老师不妨请学生做一个清单，把这一课中提及的汉语学习方法都写下来，然后自己回家试一试。

听力录音 CD02, Track 40

小天：丽丽，你好。
丽丽：小天，你好。
小天：我们来到了北京，怎么学好中文呢？
丽丽：写书法对我们写字时的笔顺、笔画好。
小天：我想去看看北京胡同。
丽丽：我们可以一起去，但是参观名胜古迹学不了中文。
小天：对。那去吃中餐吧？
丽丽：点菜时要用中文。
小天：跟中国朋友聊天也可以。
丽丽：好主意。
小天：打羽毛球也可以。
丽丽：老师用中文教我们做运动，我们的中文肯定会越来越好。

参考答案

A, E, I, C

四 阅读（二）

教学建议

社交媒体是很多学生生活的一个重要部分，老师不妨让学生也像"张天明"一样，先写一段自己学习汉语的经历，简简单单的，由老师批改后，把文字上传到网上。学生也许会在几年后重看这段文字，对他们学习汉语的经历可能很有帮助。

老师也可以选择一些简单的中文歌曲，跟学生在课堂上学唱。正如文中所说，"要学好中文，真的离不开生活与兴趣"。

语法

补语：得、不

英文没有补语这个概念，所以对于非华语的学生来说，这个概念不易理解。

补语的作用有很多。在这一课中，主要针对的是"能"／"不能"的概念。这种补语的作用，在于补充、说明动作能否达到某种结果。在课本中，作者以"to indicate the possibility of achieving an expected result"做解释。

学生一般都想知道这一个结构跟"能"／"不能"有什么分别。由于用词等比较复杂，老师要花时间去讲解。比如：

1 我的汉语不好，很多句子说不出来。
2 他们之间的事情，是不能说出来的。

第一句的意思是，因为在条件（汉语不好）的影响下，他没有办法把自己想说的话说出来；但是第二句是因为不准许，所以不能把"事情"说出来。

作者觉得这个概念对很多初学中文的学生来说太难，老师若能把课文的例句写在白板上面，让学生了解基本句型是怎么样的，然后以中英对译的方式跟学生讲解，已经足够。其它例子包括"看得懂"、"写得好"、"买不起"、"睡不着"等等。

练习册

学生可以通过练习二来提高自己对这个语言点的认识。

句型

因材施教

老师可以运用以下的练习，巩固学生的能力：

重组句子：

1 喜欢／它／法国人／他们／离不开／好吃的食物／。
2 旅游／与／故宫／中国／颐和园／要到／离不开／。

参考答案

1 法国人喜欢好吃的食物，他们离不开它。
2 要到中国旅游，离不开故宫与颐和园。

参考答案

一、

1 国语／中文／汉语
2 交流
3 拼音
4 音乐
5 《对不起，我的中文不好》
6 唱歌
7 他的朋友
8 离不开生活与兴趣

二、

1 离开
2 聪明
3 有一天
4 赢
5 留学生

语法、

1 他们吃不完这一盘水饺。
2 小雷看不见那个老师。

也可以说："这一盘水饺他们吃不完"，"那个老师小雷看不见"，"那个老师看不见小雷"。

五 听力（二）

听力录音 CD02, Track 42

记　者：你好！我是"武汉日报"的记者。
白心然：您好！我叫白心然。
记　者：我正在写一篇关于学中文的文章。请问你是哪里人？
白心然：我是印度人。
记　者：你从什么时候开始学中文？
白心然：我从幼儿园就开始学中文了。
记　者：你在武汉大学学习什么专业？
白心然：我在科学学院学化学，在这儿已经五个月了。
记　者：在中国生活习惯吗？
白心然：一开始的时候，我的中文不好，但是还是试着说汉语。
记　者：在中国生活贵吗？
白心然：中国的生活费比印度便宜，不过中国的学费比较贵。
记　者：很多人都喜欢学中文。学中文除了上课以外，还可以做什么？
白心然：我最喜欢唱歌，因为唱歌帮我学中文的声调。我还喜欢上网看新闻。
记　者：谢谢你接受采访。

参考答案

1 关于学中文的文章　2 幼儿园　3 化学
4 五个月　5 印度
6 唱歌、（上网）看新闻。

六 阅读（三）

教学建议

这一篇文章有四个重点，老师可以跟学生做分析，相信他们也有同感。第一个是声调。在第一段中，作者以"韩语"和"汉语"来做例子，是因为声调不对，意思就不一样了。另一个例子是"睡觉"和"水饺"。

第二个是写字。写字对很多学生来说都不容易，因为笔顺、笔画都是一些很新的概念。笔顺、笔画都是写汉字的基础，没有基础，学习就不容易了。日本学生如有写日本汉字的基础，一般对于学习汉字都有优势。

第三是口语。很多学生在读、写方面都很好，但是到了说，就连一句中文都不敢讲，原因是练习比较少、信心不高。

最后作者以一个老师的话作结，其实目的还是在于鼓励学生多听多说，多读多写，不要只做练习，要活学活用。

参考答案

1 汉语
2 日语汉字和中文汉字很像（一些字的笔画、笔顺差不多是一样的）
3 说话有口音，普通话讲不好
4 参加“汉语水平考试”
5 听写、查词典

七　说话（一）

参考答案

1 我学了三年了。
2 我在英国学习中文。
3 可以跟中国朋友聊天。
4 北京。
5 英语课。

八　阅读（四）

参考答案

1 非　2 非　3 是　4 是　5 是

九　阅读（五）

教学建议

这个活动跟“说话（二）”有关连的。说话（二）希望学生以阅读（五）做范文，然后用里面的句型来写一写自己学汉语的经历，做一个两分钟的短讲。

参考答案

1 C　2 B　3 A　4 C

十　说话（二）

教学建议

在做说话（二）的活动时，老师可以让学生回顾阅读（五）的内容，活动里的句型，都是从阅读（五）来的。换句话说，阅读（五）是学生在这个活动中的范文。

十一　写作

参考答案

学汉语？不难！

我在中学一年级的时候学汉语。在我们学校，每一个学生都得在一年级的时候学习汉语。我自己很喜欢学汉语，因为我非常喜欢外语。

我的老师是一个中国人，他从北京来，到了马来西亚已经五年了。他说马来西亚的人都很友好。虽然我家里不说中文，但是我有好几个邻居都能说中文。他们都会跟我练口语。

我在中文课学了很多汉语知识，比如声调、笔顺、笔画等等。最有用的是如何指路、问路。因为我很喜欢旅行，所以在中国这些知识就很有用。

学中文最难的地方是声调。老师说，我常常把“汉语”读成“韩语”。他说声调不一样，意思也不一样了。我打算以后去中国当留学生，因为中国人很友好，我很喜欢中国文化，也喜欢中国菜，我一定很喜欢中国的。

十二　说话（三）

参考答案

1 学中文最难的不是语法，而是写字。汉字有笔画、笔顺的要求。中文里很多文字看起来都很像。
2 我觉得唱歌学中文很有用。我最喜欢听中国的流行音乐，我听歌曲的时候可以学到新的词语。
3 我将来想到北京学中文，因为北京有很多名胜古迹，比如故宫、颐和园等等。
4 我从中学一年级开始学中文，老师是一个英国人，他的中文说得很好。

练习册答案

练习一、

1 交流 **2** 收获 **3** 兴趣 **4** 复习 **5** 拼音
6 查 **7** 举行 **8** 努力 **9** 离不开

练习二、

2 我的妹妹看得懂拼音。
3 小王听不明白法语。
4 我听得懂这些留学生的中文／汉语。
5 爸爸去了北京，但是看不到老北京的胡同。
6 老师看得懂我写的汉字。

练习三、

2 昨天的词语，你复习了吗？
3 这件衣服，颜色很好看。
4 这门课的课本，王小明买了。
5 非洲的气候，我觉得每天都很热。
6 北京的酒店，你订了吗？
7 美国，中国人都喜欢去吗？

练习四、

（练习可能比考试文章稍长一点儿，请老师注意。）
1 B **2** B **3** C **4** C **5** B **6** C

练习五、

2 要是你赢了比赛，我们就去喝白酒。
3 要是你的笔顺不对，你的中文就学不好。
4 要是老师的教学不好，你的中文发音就没有这么好。
5 要是你不学拼音，你的声调就不对。
6 要是别人，你的爸爸妈妈就不会有要求。

练习六、

2 D **3** C **4** B **5** F **6** A

练习七、

吴健洋：

你好。我在中国学了三年的汉语，现在我的口语已经很好，跟中国人交流没有问题。

我一开始是在上海学中文的，在中国学中文很好。我在这里认识了很多中国朋友，他们都很友好，我们都用中文交流。来了中国以后，我的发音也好了很多，因为每天都要说中文，看汉字。要是你来了中国以后，你的中文也会提高。

但是，有时候我听不懂中国人讲话，有一些从乡下来的人，他们的普通话有口音，我听不明白，不过我的中国朋友会教我。

学好中文的方法，很多人都想知道。有的人听流行音乐，有的人看中国电影，有的人参加"汉语桥"，我觉得最重要还是多听多说。我在中国学了很多东西，我希望将来在德国教中文。

祝

好！

刘雨东 上

国际视野
E International world

救救地球
25 Saving the planet

学习目标

本单元你会：

- 聆听有关回收的会话
- 谈谈你可以如何保护环境
- 阅读节约食物的方法
- 写一篇演讲稿向同学解释环保的重要性

你还会学到：

- 句型：不是……就是……
- 句型：除非……才……、只有……才……、只要……就……
- 句型：……或者……

单元介绍

本单元是全书的最后一个单元，内容主要是有关环境保护的问题。阅读部分包括虚构的环保局官员采访，也有一篇关于浪费食物的文章。本单元内容虽然没有在考试大纲中直接提及，但也是考试的热门题目之一。

句型方面，本单元会练习"不是……就是……"、"除非……才……"、"只有……才……"、"只要……，就……"和"……或者……"。

在文化部分会谈谈北京的环保措施之一——单双号的开车计划。

一 温故知新

教学建议

活动一主要是让学生回想一下在日常生活中会把哪些东西进行回收。老师可以在教室里拿起不同的东西问问学生哪些是可回收，哪些是不可以回收，并说明原因。

活动二是对话训练，句子中划线的内容是可以替换的。面对程度较低的学生，建议先解释词语和额外提供的地名，也可以让学生上网去找其他的中国城市。

因材施教

如果学生程度较高，除了要求他们指出教室内的东西外，尝试想想教室以外的可回收物品。如果学校里有摆放回收箱，老师可以把学生带过去，看看学校里有什么东西是可以回收的。

参考答案

一、

纸张，瓶子，电脑

延伸活动、

书本，衣服，手机

二　听力（一）

教学建议

听力活动一和二都是模仿真题来设计题目的。学生只需要找出正确的答案或填上英文字母，虽然看起来简单，但由于学生看不到汉字作为提示，所以也有一定的难度。

听力录音 CD02, Track 46

黄芬：你好！张明。
张明：你好！黄芬。你好吗？
黄芬：我刚刚去了看医生，因为鼻子不舒服。
张明：为什么呢？
黄芬：由于车子很多，所以有空气污染。你现在去哪里？
张明：我想去超级市场买东西。
黄芬：你有没有带环保袋子？
张明：没有。我要买一个环保袋子。
黄芬：买东西后我们一起去吃饭好吗？
张明：好的，去吃面条吧，你有什么意见？
黄芬：很好！

参考答案

1 A　**2** A　**3** C　**4** B　**5** C

三　听力（二）

听力录音 CD02, Track 47

妹妹：哥哥，你觉得去春城旅行和买东西好不好。
哥哥：去春城买东西很好，但是春城有很多灯，有光污染。去夏城好吗？
妈妈：虽然夏城有很多名胜古迹，但水有点儿脏。
妹妹：去冬城吧，可以买东西，又可以参观名胜古迹。
哥哥：冬城的空气有时不太好，妈妈的鼻子会不舒服。
妈妈：你们觉得秋城怎么样？
妹妹：很好！那里风光如画，空气清新，没有污染，而且可以买东西。
哥哥：我们现在买飞机票吧。

参考答案

1 B　**2** A　**3** D　**4** C

四　阅读（一）

教学建议

老师可以先安排学生看看香港街市的夜景照片，让学生想一想或分组讨论在一些发达的大城市里人们有可能面对什么污染，然后带出“光污染”这个新的污染问题。本阅读的教学活动，旨在让学生熟悉“不是……就是……”、“只要……就……”等句型。

参考答案

1 （负责环境保护的官员）林先生
2 空气污染
3 （汽车停下来后要）在三分钟内（完全）关掉车辆、少用纸张
4 改善空气污染
5 五毛钱
6 （只要每一位）市民（都）帮助保护环境

五　听力（三）

教学建议

本听力练习是按照真正的考试题目来设计的，让学生在考试前更熟悉考试的题型。在开始聆听前，老师不妨跟学生重温以下的图片。考试时同样只会看到图片，没有文字参考。

听力录音 CD02, Track 49

陈太太：彤彤，欢迎你搬来我们这个社区。这里的环境变化很大，因为我们做了很多回收工作。社区里回收很重要，每座楼都会有志愿者向新搬来的居民说说这里的回收情况，他们的意见都是可信的。

彤　彤：陈太太，谢谢您告诉我，我也觉得环保非常重要，希望可以帮助改善环境。

陈太太：这里每一座楼都有纸张回收箱，居民不可以乱放，但回收报纸和杂志。

彤　彤：电脑、手机和洗衣机可以回收吗？

陈太太：电脑和洗衣机不可以，但手机可以。

彤　彤：我家每天都会有很多瓶子，这也可以回收吗？

陈太太：啤酒瓶不行，但牛奶瓶可以。另外在三号楼附近有一个旧衣回收箱。

彤　彤：住在这里真是太方便了，谢谢您，陈太太！

参考答案

B, D, E, H, I

六　阅读（二）

教学建议

这是全书最后一个阅读理解练习，内容是有关浪费食物。在开始做练习前，老师不妨先调查一下不同国籍的学生会如何处理吃剩的食物。然后比较下文的内容，看看哪种方法最多人采用。

因材施教

对程度较弱的学生，老师可以安排他们各自准备一张海报，教人如何珍惜食物。如果学生程度高，就可以让他们每人做一本小册子，提供珍惜食物的不同方法。

练习册

老师可以利用练习册中的练习六来帮助学生巩固本单元的句型。

参考答案

1 很多人饿死，有部分是小孩
2 不浪费食物
3 把吃不完的食物带回家
4 可循环再用的（饭盒）
5 大、中、小
6 点一个餐两个人分享，或者点两个餐三个人分享
7 可以再去拿
8 总是想点很多菜，但又怕到最后吃不完
9 吃不完的食物要额外付钱

七　说话

教学建议

老师需要再次提醒学生，在真正的考试中，学生是看不到问题的，因此老师要学生根据卡卷上的情景推测可能要回答的问题。在以下的活动中，老师可以把题目中的身份改为其他的身份。这一活动的设计跟口语考试的"角色扮演"很相似，学生可以两人一组，一人做"老师"，一人做"你"，然后互相向对方提问。

因材施教

对于能力较弱的学生，老师要先跟学生一起看情景与角色，了解情景之后可以做一些题目的预测，随后再次重温过去考题中有出现过的疑问词（question word）。

参考答案

一、

1 上海菜　　2 用盒子带回家
3 有回收箱　　4 纸张　　5 少用纸张

二、

我住在北京已经有一年多了。北京的空气污染挺严重，有时候我上学都要带口罩。污染的空气使我的鼻敏感越来越严重。医生说鼻敏感是很难完全好的，我平日一定要多加注意。如果想北京的空气改善，市民应该尽量少开车，多坐公共汽车。我会少用纸张，常常关掉无人使用的灯、电视、电脑等等。支持环保人人有责，只要大家好好合作，我相信环境污染一定会有所改善。

八　写作

教学建议

最后一个单元的写作练习是分别写一篇环保指引及演讲稿。老师在学生开始下笔写演讲稿前，宜先教演讲稿的格式。在撰写完演讲稿后，鼓励学生进行演讲，甚至可以办一个环保演讲比赛，让学生们进行同侪评估。

参考答案

一、

杂志，纸张，衣服，电脑，瓶子

二、

学生们应该：

1 找出回收箱放在哪里，然后看看有什么东西可以回收。
2 在食堂吃午饭时要用环保的餐具。
3 点适合的午饭分量，不浪费食物。
4 空调不要调得太低。
5 不用的电器要关掉，如电脑和手机。
6 少用纸，减少浪费。

三、

各位老师，各位同学：

我们正在面对不同的污染问题，包括水和空气等。学校应该减少用纸，因为纸张是从树木来，而树木是可以令空气清新。另外，教室空调的温度不应该调太低。学生应该减少使用电脑和手机。

我们要保护环境，因为地球已经生病了，如果不保护环境，以后就没有清新的空气了，这样很多人也会生病。所以请大家注意，谢谢。

考试练习题

参考答案

一、

马云

我要介绍的中国科技名人是马云（Jack Ma），他在1964年出生，他是淘宝购物网的创始人，他用了十五年的时间成为第二个最有钱的中国人。在1999年，马云创办了阿里巴巴网站（Alibaba Group），后来他成立了在中国非常受欢迎的淘宝网。在2015年马云成立了环境保护机构，鼓励环保。

二、

中国欢迎你

很多外国人喜欢来中国旅游或生活，因为中国的生活多姿多彩，而且非常方便，到处都有各种各样的交通工具和设施供人使用。外国人很喜欢在中国过节，特别是春节，他们可以看舞龙舞狮，十分热闹。现在有很多年轻人到中国来学习汉语，因为汉语用途很广，可以跟全世界的华人交流。中国人已经越来越意识到环保的重要性，所以很多大城市都有回收措施，希望可以借此改善环境。

练习册答案

练习一、

1 E　2 D　3 C　4 B　5 A

练习二、

1 气　2 由　3 愿　4 救救　5 帮
6 决　7 死　8 破　9 明　10 脏

练习三、

1 C　2 B　3 F　4 E　5 D　6 A

练习四、

(练习有些词语比较难，学生可以参考课本的补充词语。练习可能比考试文章稍长一点儿，请老师注意。)

1 原因　2 部分　3 方面　4 变化　5 责任
6 难　7 只要

练习五、

1 C　2 A　3 C　4 B　5 A

练习六、

1 只要　2 不是……就是……
3 或者　4 只有……才……
5 就　6 除非……才……

练习七、

环保公司经理：

我在《环保日报》看到你们的环保公司想请环保推广员一名，我对这工作有兴趣。

我从香港大学环保系毕业，平日在学校里不是在推广环保，就是在想有什么新的方法保护环境。我曾经在政府的环保部门做兼职推广员，代表政府到中学或者小学推广环保。我的性格外向，对人友好，喜欢跟别人沟通。

我希望可以在你们的公司工作，因为你们是世界闻名的环保公司，在亚洲、美洲和欧洲都有公司，我觉得只有全球的人都注意环保，污染问题才可以解决。

希望你们可以给我面试的机会。谢谢。

林飞　上
二零一六年七月二日